反社恐心理学

刘瑞军 | 著

中华工商联合出版社

图书在版编目（CIP）数据

反社恐心理学 / 刘瑞军著. -- 北京：中华工商联合出版社, 2025. 5. -- ISBN 978-7-5158-4259-2

Ⅰ. C912.11-49

中国国家版本馆 CIP 数据核字第 20254ZY319 号

反社恐心理学

| 作　　者：刘瑞军
| 出 品 人：刘　刚
| 责任编辑：吴建新　关山美
| 装帧设计：荆棘设计
| 责任审读：郭敬梅
| 责任印制：陈德松
| 出版发行：中华工商联合出版社有限责任公司
| 印　　刷：三河市众誉天成印务有限公司
| 版　　次：2025 年 6 月第 1 版
| 印　　次：2025 年 6 月第 1 次印刷
| 开　　本：710mm×1000mm　1/16
| 字　　数：140 千字
| 印　　张：9
| 书　　号：ISBN 978-7-5158-4259-2
| 定　　价：68.00 元

服务热线：010—58301130—0（前台）
销售热线：010—58302977（网店部）
　　　　　010—58302166（门店部）
　　　　　010—58302837（馆配部、新媒体部）
　　　　　010—58302813（团购部）
地址邮编：北京市西城区西环广场 A 座
　　　　　19—20 层，100044
http://www.chgslcbs.cn
投稿热线：010—58302907（总编室）
投稿邮箱：1621239583@qq.com

工商联版图书
版权所有　侵权必究

凡本社图书出现印装质量问题，请与印务部联系。
联系电话：010—58302915

前 言
PREFACE

在这个快节奏、高互动性的现代社会中，人与人之间的连接变得前所未有的紧密。然而，"社恐"一词似乎越来越频繁地出现在我们的生活中，影响着无数人的日常生活与心灵健康。对于许多深受社恐困扰的人来说，社交场合犹如一片迷雾重重的森林，让他们心生畏惧，不敢轻易踏入。

关于这个话题，我探索研究已有多年，在这个过程中，我发现大多数人或多或少都有一些社恐心理，只不过有些人表现得不是太明显。比如有这样一件事情，发生在这本书即将完稿期间。那天，我与同事李辉坐地铁去见客户，当时早上八点半左右，正是高峰期，人们摩肩接踵。在上车时，李辉走着走着，突然鞋掉了，回头一看，原来是被一位漂亮的姑娘踩到了他的鞋后跟。

姑娘微笑着且非常客气地说："帅哥，真对不起啊，人太多了。"

面对姑娘的友好道歉，向来能说会道的李辉却突然变得不会说话了。只是一个劲地挠头。

姑娘见自己道歉了对方却没有回应，有点着急了，说道："大哥您别生气，我真的不是故意的……"

看到姑娘这么着急，我急忙说："没关系的，赶快上车吧。"

事后我问李辉，当时怎么回事，为什么不说话呢？他说："不知道为啥，一见到陌生姑娘尤其是漂亮的就有点紧张了！"

我打趣道："看你那点出息！"

这，显然就是社恐的表现。

其实，社恐并非不可战胜的恶魔。它其实是我们内心深处某种未被理解和处理的情绪、认知的外在表现。通过深入了解社恐背后的心理机制，我们能够找到解锁这一困境的钥匙。

这本书，由浅入深，从社恐的定义出发，一直到社恐康复及后期的成长，阶梯式地搭建了社恐心理的整个框架。同时，我也提供了一系列实用的方法和策略，帮助社恐者克服内心的恐惧，提升社交能力，重建自信。这些方法并非纸上谈兵，而是经过实践检验，切实可行的。

我深知，每个人的社恐经历都是独一无二的，因此，在提供解决方案时，我特别强调个性化与灵活性。无论是通过认知行为疗法的应用，还是正念冥想、暴露疗法的实践，抑或是社交技巧的训练，我们都鼓励读者根据自身情况，选择最适合自己的方法来逐步克服社恐。

《反社恐心理学》不仅仅是一本书，更是一次心灵的觉醒与自我超越的起点。所以，无论您是轻度的社交焦虑者，还是被社恐严重影响生活的人，我都希望这本书能成为您的贴心伙伴，陪伴您在反社恐的道路上坚定前行。

目 录

第一章
社恐之谜——揭开社交恐惧的神秘面纱

社恐的定义与分类 / 2

社恐与内向的区别与联系 / 4

社恐对个人生活的影响 / 6

社恐与害羞的区别 / 9

社交恐惧症的高发人群 / 10

小测试 / 13

第二章
探索根源——为何我会害怕社交

遗传因素与环境因素的作用 / 16

早期经历对社恐形成的影响 / 17

网络时代下的社交焦虑 / 20

情绪调节与社交恐惧 / 23

行为模式与社交恐惧 / 25

小测试 / 28

第三章
因人而异——社交恐惧症的行为表现

赤面恐惧:不由自主地心慌、脸红 / 30
视线恐惧:惊恐的目光无处安放 / 32
表情恐惧:担心自己的面部表情不自然 / 34
异性恐惧:与异性相处感到压力很大 / 37
权威恐惧:不敢与权威人士打交道 / 39
心理紧张:当众讲话就口舌打结 / 42
心理担心:说话表达语无伦次 / 45
小测试 / 47

第四章
认知重构——挑战社恐思维的牢笼

识别与理解社交中的负面情绪 / 50
替换消极观念为积极信念 / 52
用事实反驳恐惧 / 53
培养成长型思维模式 / 55
超越自卑,增强你的社交钝感力 / 57
小测试 / 60

第五章
心理自助——反社恐心理学基础

深入了解自己的社恐模式 / 64
培养当下意识,减轻焦虑 / 65

识别、接纳与表达情绪 / 67

建立积极的自我形象与自尊 / 70

设定合理的社交期望与目标 / 71

小测试 / 75

第六章
与人连接——沟通技巧与人际关系建立

倾听是有效沟通的基础 / 78

清晰、自信地传达想法 / 80

建立与深度维持人际关系的技巧 / 82

选择合适的朋友与导师 / 84

家庭角色的转变，从保护到鼓励 / 87

主动发起对话与维持对话的艺术 / 88

小测试 / 90

第七章
特别场合——职场与恋爱中的社恐应对

面试中的社恐应对 / 94

演讲时的社恐应对 / 96

开会时的社恐应对 / 98

谈客户时的社恐应对 / 100

谈对象时的社恐应对 / 102

小测试 / 104

第八章
实用技巧——逐步扩大社交舒适区

小步快跑，设定可实现的社交任务 / 108

角色扮演与模拟社交场景 / 110

真实社交中的逐步暴露疗法 / 111

应对社交失败的策略与心态调整 / 113

小测试 / 115

第九章
持续成长——社恐康复之路

复发预防：识别并应对触发因素 / 118

灵活适应：在不同社交场合中自如表现 / 119

自我关怀：保持身心健康，平衡生活 / 121

正确应对：复发时的应对与调整 / 122

小测试 / 124

第十章
超越自我——社恐不是终点，而是成长的起点

设定长期目标，保持成长动力 / 126

培养弹性心态，拥抱变化 / 129

传递正能量，帮助他人走出社恐阴影 / 130

小测试 / 132

第一章

社恐之谜
——揭开社交恐惧的神秘面纱

社恐者的世界,是一座内心的孤岛,渴望连接却又惧怕风浪。

社恐的定义与分类

小钟的恐惧

这是一则源自光明网多年前的新闻报道：

小钟，一个出身农村、家境平凡却学业出众的青年，凭借奖学金一路攻读至博士，并远赴海外深造。学成归国后，他在深圳找到了心仪的工作，成为家人心中的骄傲。

然而，长期刻苦学习养成了他晚睡的习惯。进入职场后，面对作息的改变、全新的社交圈以及职场的种种压力，小钟逐渐选择了自我社交隔离。他不再参与聚会、聚餐，也不热衷于人情应酬，同时秉持着低物质消费的理念生活。

在恋爱经历中，由于与伴侣三观不合，小钟经历了两次分手，这成为他心理上的沉重打击。随后，他陷入了抑郁的泥潭，并突然出现了惊恐发作的症状。在短短一个月内，他甚至两次拨打了120急救电话，一次是在上班途中，另一次则是在家中。发作时，他感到头晕目眩、心慌心悸，极度恐惧之下不敢随意移动。

为了查明病因，小钟辗转多家医院，先后前往神经内科、中医科、皮肤科、骨科以及消化内科进行检查。然而，经过一系列详细的检查，医生们一一排除了相关躯体及大脑器质性问题。

最终，小钟被专业医生确诊为惊恐障碍（依据精神科诊断体系DSM-V），并同时患有躯体疾病——高血压。

⊙ 了解社恐的定义

小钟的行为就是显著的社恐表现，如社交困难和社交回避，喜欢独处，甚至胡思乱想，担惊受怕。尽管这种行为在本人看来是不合理的，但却通常很难自我控制，并且会重复出现。

所谓社恐，即社交恐惧症，也称社交焦虑症，是一种对社交或公开场合感到强烈恐惧或忧虑的精神疾病。比如在公众场合，当有人观察他时，他会显得有些紧张甚至恐惧，不知所措，有些人还会脸红。

⊙ **社恐的分类**

社交恐惧症主要分为两大类：广泛性社交恐惧症和非广泛性社交恐惧症。

广泛性社交恐惧症

他们对于各类社交情境普遍怀有深刻的恐惧与焦虑心理，这种情绪广泛渗透于诸如日常对话、聚会参与、电话交流及购物活动等方方面面。在他们心中，自己往往被构想为在他人视野中呈现出种种不完美之处，诸如可笑、滑稽的形象，更有甚者，他们可能会过度解读他人的眼神与反应，认为其中隐含着对自己内心深处可耻、卑劣乃至病态特质的洞察与评判。

患有这种恐惧症的人可能会有以下表现：

1. 他极度在意自己在他人眼中的形象，担忧日常言行或外貌会受嘲笑或批评，即便在普通交流中也不例外。

2. 为避免尴尬和焦虑，他尽量避免参加面对面交流的聚会、会议等。即使必须参与，也会长时间准备，预测对话场景，但仍感极度不安。

3. 社交场合中，他常出现心跳加速、出汗、颤抖等生理反应，加剧恐惧感，难以自如交往。

4. 他易过度解读他人意图，将中性或友好信号误解为负面评价，如将皱眉视为不喜欢自己。

5. 长期避免社交导致他社交技能未得到发展，社交焦虑加剧，形成恶性循环。

非广泛性社交恐惧症

这类恐惧症通常与特定的社交情境或活动有关。例如，他们可能害怕在公共场合发言或表演，但在其他社交场合没有任何问题。

1. 对视恐怖症：在人际交往的过程中，他们难以直视对方的眼睛，内心恐惧与对方的视线交汇，因此总是刻意回避他人的注视。例如，在上课时低头不敢与老师对视，或者在出行时选择避开人群，专走偏僻小径。

2. 红脸恐怖症：当置身于社交场合，面对羞涩、尴尬或不好意思的情境时，他们会出现脸红或其他明显的生理反应。

3. 露丑恐怖症：他们对于在他人面前展现幼稚、可笑、愚蠢、滑稽或不雅的举止深感恐惧，因此他们会极力避免置身于这些可能引发尴尬的场合之中。

总体来说，社交恐惧症是一种复杂且多样的精神疾病，其分类和表现因人而异。

社恐与内向的区别与联系

在现实生活中，我们经常会将社恐和内向搞混，认为社恐就是性格内向。性格外向的人从来不会社恐，其实不然，社恐与内向有着本质的区别和联系。

⊙ 社恐与内向的区别

在一个风和日丽的春日午后，小镇上的图书馆里，坐着两位性格迥异的年轻人——林浩和苏晴。他们各自沉浸在书海中，却各自怀揣着对社交的不同感受与理解。

林浩，一个典型的内向者，他热爱阅读，享受独处的时光。对他而言，图书馆是一个完美的避风港，让他可以远离喧嚣，沉浸在知识的海洋中。林浩并不害怕与人交流，但他更倾向于选择一对一的深入对话，或是小范围的聚会。他享受那种宁静而深刻的交流，觉得这样更能触及彼此的心灵。尽管在大型社交场合中，林浩可能会显得有些拘谨，但他不因此感到焦虑或恐惧。他明白，这只是自己性格的一部分，无须改变，只需找到适合自己的社交方式。

而苏晴，则是一个深受社交恐惧症困扰的女孩。她同样喜欢阅读，但这份爱好更多是为了逃避现实世界的社交压力。每当想到要与人面对面交流，苏晴的心就会不由自主地紧绷起来，手心冒汗，心跳加速。她害怕自己的言行会引来他人的嘲笑或排斥，害怕自己无法融入群体，成为众人眼中的异类。这种恐惧像一张无形的网，紧紧束缚着苏晴，让她在社交场合中感到无比煎熬。

一次偶然的机会，林浩和苏晴在图书馆的读书分享会上相遇了。林浩被苏晴对书籍的独到见解所吸引，主动上前与她交谈。而苏晴，虽然内心充满了紧张与不安，但面对林浩的真诚与友善，她鼓起勇气，尝试着回应。这次交流，对苏晴来说，是一次前所未有的挑战，也是一次宝贵的成长。她发现，原来并不是所有的交流都会带来恐惧和不安，有时候，它也能带来温暖和理解。

随着时间的推移，林浩和苏晴成了好朋友。林浩用自己的经历告诉苏晴，内向并不是一种缺陷，而是一种独特的性格魅力。他鼓励苏晴勇敢地面对自己的恐惧，尝试寻找适合自己的社交方式。而苏晴，在林浩的陪伴和支持下，也逐渐学会了如何放松自己，如何在社交场合中保持自信。她发现，当自己不再过分关注他人的看法，而是专注于享受交流的过程时，那种恐惧感竟然悄悄地减轻了。

这个故事告诉我们，社恐与内向虽然都是对社交的不同反应，但它们之间有着本质的区别。内向是一种性格特征，它让人享受独处，喜欢深入交流；而社恐则是一种心理障碍，它让人对社交产生恐惧和不安。

⊙ 定义不同

社恐：是一种焦虑性障碍，主要表现为对人际交往的过度担心和害怕，他们会自然的极力回避社交场合，避免让自己出现焦虑、紧张、恐惧等负面情绪。

内向：是一种性格特征，表现为个体更倾向于独处，喜欢安静、自省，对社交互动没有特别强烈的恐惧感，但可能会喜欢一对一的交流。

⊙ 症状不同

社恐：在社交场合中，他们会表现出明显的害怕或焦虑情绪，并伴有自主神经症状，例如心跳加速、脸红、出汗以及口或咽喉部干燥、吞咽困难等。为了减轻这种焦虑和恐惧，他们可能会主动回避社交场合，或者采取回避、逃离等应对策略。

内向：内向者通常展现出安静、沉稳的特质，他们可能不太热衷于与人交往，或者不擅长表达自己的思想和情感。然而，内向并不等同于焦虑或恐惧，内向者只是更倾向于独处和内省，享受与自己独处的时光。

⊙ 原因不同

社恐：可能与遗传、生物学因素（如神经递质失衡）、心理社会因素（如过去的社交经历中受到过伤害或羞辱）等有关。

内向：可能与个体的性格特点、家庭环境、教育经历等有关。内向通常是一种固定的性格特质，不会因为负面的社交经历而改变。

⊙ 社恐与内向的联系

社恐与内向尽管有本质上的区别，但也存在一些联系。有些人可能同时存在社交恐惧症和内向的特点。在这种情况下，两者的影响和状态可能会互相交织。例如，一个内向的人可能因为过去的社交经历而患上社交恐惧症，导致在社交场合中更加紧张和不安。

而且内向和社恐在某种程度上可能相互影响。内向者可能更容易因为缺乏社交经验而患上社恐；而社恐者则可能因为恐惧社交而变得更加内向和孤僻。

总之，社恐与内向在定义、状态、原因等方面存在显著差异，但它们之间也有一定的联系和相互影响。

社恐对个人生活的影响

社交恐惧症会对个人生活造成深远的影响，如工作、学习、人际关系等，如不能得到正确的干预，甚至会影响一个人的一生。

⊙ 社恐对人际关系的影响

一个朋友曾与我分享过一个关于他同事的故事，我们暂称他的同事为小赵。小赵是一位年轻的职场新人，但是他患有社交恐惧症。在公司里，他总是避免与同事和上级交流，担心自己的言行会被评价或嘲笑。因此，他很少参与团队讨论，也无法与同事建立亲密的关系。渐渐地，小赵发现自己被孤立了，他感到孤独和无助。

显然，这种恐惧使他的社交圈子变得极其狭窄，缺乏亲密的朋友和支持系统，人际关系受到了极大影响。

首先，社恐者往往难以与他人建立并维持亲密的关系。他们内心深处对社交场合的注视与评价感到恐惧，因此，更倾向于避免参与社交活动，这导致他们的社交圈子相对狭窄。由于缺乏与他人深入交流的机会，他们难以形成稳固而亲密的人际关系。

其次，社恐者的恐惧和焦虑情绪常常阻碍了他们与他人建立联系的能力。在社交场合中，他们可能会表现出退缩、回避或冷漠的态度，这种态度容易让周围的人感到困惑和不解。随着时间的推移，这种态度可能会逐渐加深人际关系的疏远和隔阂，导致社恐者错过与他人建立深厚友谊或合作伙伴关系的宝贵机会，进而使得他们的人际关系网络变得薄弱。

> 社交恐惧往往会导致个体在社交场合感到不自在，限制人际交往，影响友谊关系的建立。长期下去，还可能引发孤独感、自卑感和心理压力，对个人成长和幸福感产生负面影响。因此，及时应对和克服社交恐惧十分重要。

再次，在职场环境中，社恐者可能会因为害怕与同事或上级进行交流而错失晋升机会或职业发展机会。他们可能不敢大胆表达自己的观点和意见，导致在团队中被边缘化或忽视。此外，社恐者还可能难以与团队成员建立有效的沟通和合作关系，这会对团队的凝聚力和整体工作效率产生不利影响。

以小赵为例，由于害怕与同事和上级交流，他在工作中的表现受到了限制。在一次重要的会议上，他需要做一个市场调研报告。然而，由于紧张和不安，他忘记了重要的数据，说话声音低沉且不自信。这导致他的上级和同事对他的能力产生了质疑，影响了他的职业发展和工作满意度。

最后，社恐者在与他人交往的过程中，由于紧张和不自在，往往难以精准地传达自己的意图和感受。这种沟通上的不畅，很可能导致别人对他们的意图产生误解，甚至误判，进而引发不必要的冲突和矛盾。这种局面又可能使社恐者陷入更深的焦虑和恐惧之中，从而进一步加剧人际关系的紧张。

⊙ 社恐对心理健康的影响

社恐者时常被一种深刻的孤独感、挥之不去的焦虑情绪以及沉重的沮丧心境所包围。他们容易陷入一个自我否定的闭环之中，深信自己在社交场合中总是无法取得成功，或是无法得到他人的接纳与喜爱。这种消极的心理状态不仅对他们的心理健康造成了严重的侵蚀，还可能引发一系列生理上的问题，如睡眠障碍、食欲减退等。长此以往，他们可能会面临更为严峻的心理健康挑战，如重度抑郁症、焦虑症等。

社恐者的内心世界往往充满了紧张与恐惧，他们的情绪波动异常剧烈。在面对社交场合时，他们可能会感到极度的不安与焦虑，担心自己的行为会受到他人的审视、批评甚至是嘲笑。这种长期的紧张与恐惧状态，对他们的生活质量造成了极大的影响。

社恐者往往拥有较低的自尊心，这导致他们缺乏自信，对自己的评价也往往偏低。这种低自尊的心态不仅会影响他们的社交表现，还会使他们陷入一个难以自拔的恶性循环之中，即越是因为缺乏自信而表现不佳，就越是怀疑自己的价值与能力。

社恐者的沮丧与无助情绪容易滋生抑郁的阴影。同时，由于他们在社交方面的缺失，往往难以与他人建立深厚的联系，从而更容易感到孤独与被孤立。这种抑郁与孤独感的交织，进一步加剧了他们的心理负担，甚至可能引发更为严重的心理问题。

总之，社恐对个人生活的影响是多方面的，包括人际交往受限、职业发展受阻、心理健康问题以及生活质量下降等。为此，我们要重视社恐这种看似无关紧要的问题。

社恐与害羞的区别

在人际交往的世界里,社恐和害羞常常被人们混为一谈,但其实它们有着本质的区别。

害羞,就像清晨的薄雾,轻轻笼罩着我们。比如小明在课堂上被老师点名回答问题时,会脸红、心跳加速,声音也有些颤抖,但这只是暂时的紧张和难为情。一旦回答完毕,这种不适感很快就会消散,他依然能够自如地与同学们交流、玩耍。

害羞更多是一种暂时的、情境性的情绪反应。当处于特定的社交场合,比如公开演讲、初次相亲等,我们可能会感到害羞。但在熟悉和舒适的环境中,害羞的人能够正常地表达自己,享受社交互动。

而社恐就像是厚重的乌云,压得人喘不过气。比如小红,她极度害怕与他人接触,哪怕是简单的眼神交流都会让她感到无比焦虑。她总是避免参加社交活动,宁愿一个人待在家里。

社恐是一种长期存在、严重影响日常生活的心理障碍。社恐的人对社交场合有着强烈的恐惧和回避,他们担心自己会出丑、被批评或者被拒绝,这种担忧超出了正常范围,甚至会引发身体上的不适。

害羞的小张

小张是一个性格内向的人,他在面对陌生人或需要公开发言时常常会感到害羞。例如,在一次公司组织的活动中,小张被要求上台表演一个节目。听到让自己表演节目,小张顿时感到非常紧张,手心出汗,声音也有些颤抖。然而,在同事们的鼓励和帮助下,小张最终鼓起勇气上台,虽然表演得不够完美,但他还是赢得了大家的掌声和鼓励。

在这个案例中,小张的害羞情绪是暂时的,且没有严重影响他的日常生活和工作。他能够通过自我调整和他人的支持来克服害羞,逐步增强自己的自信心和社交能力。

社恐的小李

与小张不同,小李患有严重的社交恐惧症。她害怕与人交流,尤其是陌生人。在公共场合,小李总是尽量避免与人接触,甚至不敢抬头看别人。她的恐惧感不仅限于特定的社交场合,而是泛化到了日常生活中的各个方面。例如,当有陌生人与她打招呼时,她就会感到心跳加速、呼吸急促,甚至想要逃离现场。这种恐惧感严重影响了小李的生活质量,使她无法正常工作和学习。

总之,害羞是一种温和的情感体验,不影响正常的社交功能和生活质量;而社恐则是一种严重的心理困扰,需要专业人士的帮助和干预。

社交恐惧症的高发人群

在这个社交频繁的时代,社交恐惧症如幽灵般困扰着一部分人群。那么,究竟哪些人更容易成为社交恐惧症的"俘虏"呢?

⊙ **性格内向、自卑、高敏感和完美主义者的人**

内向型个体或许因其对独处的偏好而导致社交历练不足,被自卑心理驱使的人常常忧虑,生怕自己的言语和行为会招致他人的反感。高度敏感的人则过分关注外界的态度与观点,而完美主义者则倾向于对自己的言谈举止设立极高标准,无法容忍自己在他人心目中的形象存在丝毫的不完美。这些性格特质皆可能成为加剧社交恐惧症风险的潜在因素。

比如有些人,内心世界丰富,但不善于主动表达自己。在与人交往中,一点点负面反馈都可能被她无限放大，从而对社交产生恐惧。

再比如有些人总是给自己设定过高的社交标准，一旦达不到，就会陷入自我否定和焦虑之中，逐渐对社交产生恐惧。

⊙ 身处高压环境或经历社交失败的人

身处高压环境中的人，由于长期的紧张和焦虑情绪，使得他们在社交场合中更容易出现恐惧和逃避的心理。

经历社交失败的人可能给他们留下深刻的印象，使他们遇到类似的情境就会感到紧张和恐惧，从而增加患上社交恐惧症的风险。

在繁华都市中，有一个名叫小悠的年轻女孩。她身处竞争激烈的广告行业，每天都面临着巨大的工作压力。

小悠总是被各种紧迫的项目期限追着跑，熬夜加班成了家常便饭。她的上司要求严苛，每一个方案都要反复修改，同事之间的竞争也异常激烈。

在这样的高压环境下，小悠逐渐变得沉默寡言。每次公司开会，她都紧张得手心出汗，轮到自己发言时，声音颤抖，思维也变得混乱。她害怕自己的想法不够好，害怕被同事嘲笑，害怕被上司批评。

有一次，公司组织了一个重要的项目策划会。小悠提前准备了很久，可当她站在众人面前开口的那一刻，看着大家期待又审视的目光，她的大脑瞬间一片空白。她结结巴巴地说了几句，就匆匆结束了自己的发言。会后，她听到有同事在小声议论，虽然不确定是不是在说她，但她内心却认定是对自己的否定。

从那以后，小悠越来越害怕参加公司的各种会议和活动。即使是平时在办公室里与同事交流，她也总是小心翼翼，不敢多说一句话。她害怕自己说错话、做错事，担心被大家排斥。

渐渐地，小悠的社交圈子越来越小。下班后，她总是独自一人匆匆回家，将自己封闭在小小的房间里。周末也从不参加朋友的聚会，即使是好朋友的邀请，她也总是找借口推脱。

小悠知道自己这样的状态很不好，但她却无力改变，仿佛被一张无形的网紧紧束缚，无法挣脱社交恐惧的枷锁。

⊙ 青少年往往是社交恐惧症的高发群体之一

由于正处于青春期，身心发生着巨大变化，对自我形象和他人评价格外敏感。在面对新的社交场合和人际关系时，容易产生过度的焦虑和担忧，进而陷入社交恐惧的漩涡。

我妹妹是一名教师，她给我讲过一个关于她们班里学生的故事。这个学生叫小雨，是一个本该充满朝气的少年，却在青春的道路上被社交恐惧的阴霾所笼罩。

他从小就是个内向的孩子，升入初中后，学习压力陡然增大，父母对他的期望也越来越高。每次考试成绩出来，只要稍有退步，父母便会严厉批评。在学校里，老师也总是强调成绩的重要性，让他感到无比紧张。

一次班级的演讲活动中，他因为紧张而表现不佳，引得同学们哄堂大笑。从那以后，他总觉得同学们看他的眼神充满了嘲笑和不屑。每当走进教室，他都感到莫名的恐惧，害怕与同学对视，害怕听到他们的议论声。

之后，他变得愈发沉默寡言。体育课上，同学们三五成群地玩耍，他却独自躲在角落；小组活动时，他也不敢主动参与，总是担心自己会拖后腿或者被拒绝。

渐渐地，小雨的朋友越来越少，他的内心也越来越孤独和痛苦。他渴望与人交流，渴望拥有朋友，却被社交恐惧紧紧束缚，无法迈出那勇敢的一步。

尽管以上人群是社恐的高发人群，但这并不意味着这些人群一定会患上此病。同时，社交恐惧症并非不可战胜，了解高发人群的特征，有助于我们早发现、早干预，帮助自己和身边的人摆脱这一困扰。

小测试

1. 面对公众讲话时，你会感到：

A. 非常紧张。

B. 有些紧张。

C. 比较放松。

2. 当有聚会时，你的第一反应是：

A. 尽量避免。

B. 勉强参加。

C. 乐于参与。

3. 与他人交流时，你是否担心自己的表现？

A. 经常担心，害怕说错话或表现不好。

B. 有时会担心，但通常能控制。

C. 很少担心，自信满满。

4. 在人群中，你是否会感到被注视？

A. 经常感到，非常不自在。

B. 有时会注意到，但不太在意。

C. 很少注意到，通常很自在。

5. 面对第一次见面的陌生人，你是否经常犯难如何开口？

A. 是的，经常需要对方主动。

B. 有时会，但通常能找到话题。

C. 不难，我擅长与人交流。

6. 在社交场合中，你是否经常担心自己的容貌及行为？

A. 经常担心，担心给人留下不好印象。

B. 有时会，但不太影响心情。

C. 很少担心，自信于自己的表现。

计分方法：

A 选项计 3 分，B 选项计 1 分，C 选项计 0 分。

将所有题目得分相加，总分越高表示社交恐惧倾向越明显。

解读：

0~5 分：您可能没有明显的社交恐惧倾向，与人交流相对自如。

6~12 分：您可能存在一定的社交焦虑，但在某些情况下仍能克服。

13 分以上：您可能有较强的社交恐惧倾向，建议寻求专业帮助以改善这种情况。

说明：

这个测试只是一个简单的评估工具，如果你发现自己在某些方面存在困难，不妨寻求专业心理咨询师的帮助，以获得更具体的指导和支持。

第二章

探索根源
——为何我会害怕社交

探寻社恐者的根源，就像揭开神秘面纱，每一层都隐藏着复杂的谜底。

遗传因素与环境因素的作用

小敏的魔咒

小敏生活在一个看似普通却又有些特殊的家庭。她的爷爷性格孤僻，很少与邻里往来；她的爸爸也沉默寡言，在工作中总是避免与人过多交流。

小敏从小就表现出了不同于其他孩子的胆怯。在幼儿园里，别的小朋友都在快乐地玩耍，她却总是一个人默默地坐在一旁，看着别人。老师试图引导她参与集体活动，她却总是紧张得紧紧抓住衣角，不敢迈出一步。

到了小学，每逢课堂上老师提问，小敏即使知道答案，也不敢举手发言。有一次，老师点名让她回答问题，她站起来后，声音颤抖，满脸通红，引得同学们一阵哄笑。从那以后，小敏更加害怕在众人面前说话，内心对社交充满了恐惧。

中学时代，同学们开始结伴逛街、看电影，小敏却总是找借口拒绝邀请。她害怕在公共场合成为焦点，害怕别人的目光和评价。

家庭聚会时，小敏也总是躲在角落里，不主动和亲戚打招呼。面对长辈的关心，她也只是简短地回答，然后匆匆逃离。

小敏深知自己的这种状态与家族中长辈的性格特点有着相似之处，仿佛是遗传的魔咒在作祟。但她不甘心被这阴影笼罩，努力尝试着改变。

在探寻社交恐惧症的成因时，我们无法忽视遗传和环境这两大关键因素，它们如同两把交织的锁，紧紧束缚着那些深受社恐困扰的人们。

⊙ **遗传因素对社恐的作用**

以上故事中，可以看出小敏社恐原因的其中之一便来自遗传因素。研究表明，当一个家庭中存在患有社交恐惧症的亲属时，其他家庭成员罹患此病症的风险会显著提升。这一发现暗示，特定的基因组合可能在生物学层面上，使个体更容易对社交环境产生过度的恐惧及焦虑情绪。具体而言，由于遗传因素的潜在作用，大脑中负责调控情绪及应激响应的神经递质系统，可能天生就存在某种不平衡状态，从而使得个体在遭遇社交压力时，表现出更高的敏感性及脆弱性。

⊙ 环境因素对社恐的作用

若将遗传因素视作潜藏于基因深处的种子，那么环境因素便如同滋养这颗种子生长的肥沃土壤。不利的成长环境，诸如家庭氛围中充斥着批评与否定，或是童年时期遭受的创伤性经历，例如持续的欺凌或是过度的社交压力，都可能成为点燃社交恐惧症的火花石。试想，一个孩子若在家庭中频繁遭受父母的严厉责备，而鲜少获得认可与鼓励，其在与他人交往时便容易滋生自卑感，进而心生恐惧。

综上所述，遗传因素为社交恐惧症的萌发埋下了隐患，而环境因素则在此基础上起到了推波助澜的作用。然而，值得欣慰的是，我们并非完全受制于这两道"枷锁"。凭借正确的认知观念、积极的心理干预措施以及强有力的社会支持，我们依然有能力挣脱束缚，迈向健康的社交生活。

早期经历对社恐形成的影响

在深入剖析社交恐惧症成因的征途中，早期经历无疑占据着举足轻重的地位，它犹如一位无形的艺术家，悄然间雕琢着我们的社交倾向与行为框架。在社交恐惧症这一心理现象的构建过程中，早期经历更是扮演了至关重要且影响深远的角色，仿佛在心田深处镌刻下了一道难以抹去的痕迹。

心灵深处的烙印

让我们首先思考一个常见的场景：一个天真无邪的孩童，在幼儿园的一次表演尝试中，因紧张而遗忘了精心准备的台词，随之而来的，是台下观众席中不经意间响起的阵阵哄笑。对于多数孩子来说，这不过是成长路上一个转瞬即逝的小插曲，但对某些情感细腻、内心敏感的孩子而言，这一幕却可能如同一把锐利的刻刀，在他们心灵深处镌刻下一道难以抚平的伤痕。这道伤痕，悄然间成为他们日后对公众展现自我时恐惧与回避的源头，随着时间的推移，逐渐演化成社交恐惧症的阴霾。

心理学界的深入探究揭示了一个令人瞩目的真相：个体早期的亲子互动模式，对其社交技能的形成与情绪调节机制的发展，具有不可估量的深远影响。若孩子在生命的最初几年里，未能获得足够的关爱、及时的回应与稳固的安全感，他们可能会在无意识中构建起一种不安全的依恋模式。想象这样的场景：某些父母，对孩子的需求与呼唤总是置若罔闻，或是反应迟缓，孩子在这样的环境中成长，自然而然地会对周围世界产生一种不可预测与不安全的感觉。这种早期的情感缺失，如同在孩子心中埋下了一颗焦虑与恐惧的种子，日后在社交场合中，这些种子便可能生根发芽，让孩子感到更加不安与退缩。

让我们以秦虹为例，一个因父母工作繁忙而缺乏陪伴的孩子。在他生病或感到害怕时，父母的缺席如同雪上加霜，让他的内心更加孤寂。随着时间的推移，秦虹变得内向而沉默，入学后，在与同龄人的交往中，他总是显得小心翼翼，生怕自己的言行会引起他人的不满或忽视。一次班级活动中，他鼓起勇气向同学发出合作的邀请，却遭遇了冰冷的拒绝。这次经历，如同在他本就脆弱的心墙上又添了一块沉重的砖，让他更加封闭自我，最终陷入了社交恐惧症的泥沼。

在当下这个竞争日益白热化的社会里，秦虹的故事绝非孤例。

童年时期遭受的负面评价与批评，同样如同一把无形的利刃，悄无声息地削弱着孩子的社交自信。若一个孩子经常被父母或老师贴上"不懂事""不会说话""太害羞"的标签，他们可能会在无意识中接受这些负面定义，认为自己在社交领域确实存在缺陷。这种自我认知一旦固化，就如同一道难以逾越的心理障碍，阻碍着他们自信地走向人群。

更有甚者，一些孩子自幼便在父母的严格要求下成长，稍有差池便会受到严厉的批评与指责。例如，一个孩子在家庭聚会上因一时口误而遭到父母的当场斥责。从此，他在任何社交场合都会变得谨小慎微，生怕再次犯错。这种过度的自我监控与恐惧，最终将他推向了社交恐惧的深渊。

而除了家庭这一微观环境外，学校作为孩子成长过程中的另一重要舞台，其氛围与互动模式同样对孩子的社交心理产生着不可忽视的影响。在校园里，被同学欺凌、排挤或遭受老师不公对待的孩子，他们的心灵往往承受着难以言说的创伤。被欺凌的孩子会对人际交往产生深深的恐惧，害怕再次成为攻击的目标；而那些长期得不到老师关注与认可的孩子，则可能因自我价值感的缺失而在社交中缺乏自信，进一步加剧了社交恐惧的风险。

小辉的烦恼

小辉上小学二年级，由于身体素质较差，身材弱小，经常被一些调皮的同学欺负。比如他们会故意撞他、抢他的东西，还给他起难听的外号。

由于胆小，他既没有向父母诉说，也没有向老师求助，随着时间的推移，这让他对学校充满了恐惧，对与人交往也产生了严重的抵触情绪。

此外，早期的创伤性事件，如亲人的离世、意外事故或者性侵犯等，也可能成为社交恐惧症的诱因。这些事件会给孩子带来极大的心理冲击，导致他们在情感上受到重创，进而影响他们对世界和他人的看法。

记得在我6岁左右的时候，有一次，一个和我经常一起玩耍的伙伴坐着他爸爸的货车给客户送货，走到半路出了车祸，和一辆刹车失灵的货车撞在了一起，这位伙伴的爸爸不幸离世，而我这位伙伴由于抢救及时，捡回了一条命。

由于目睹了父亲去世时的惨状，自此之后，他变得内向，不愿意和别人沟通，总是一个人独来独往。后来因为上学我离开了原先的居住地，从此失去了联系。

十多年后，有一次回老家，就在我远远看见他向他打招呼时，他却用一种躲避的方式逃离了我的视线。我想，这便是童年阴影对他影响的结果吧。

所以，早期经历就像一把双刃剑，既可以塑造我们的性格和社交能力，也可能为我们的心灵带来创伤。

网络时代下的社交焦虑

置身于当今这个信息洪流肆虐的网络纪元，社交活动似乎已被赋予了前所未有的便捷性与丰富性。然而，在这表象繁华、数字跃动的世界背后，一股不易察觉的暗流正在悄然涌动——这便是社交焦虑的阴影。

回望往昔，我们曾借助书信这一传统媒介，字里行间传递着真挚的情感，那份在漫长等待与殷切期盼中维系起来的情谊，显得尤为珍贵与纯粹。而时至今日，仅需指尖轻轻一触屏幕，便能跨越千山万水，与远方的朋友建立即时的联系。然而，这种前所未有的便捷性并未能彻底驱散我们内心深处的忐忑与紧张，反而如同催化剂一般，孕育出了新型态的社交焦虑。

在这个快节奏、高效率的数字时代，我们似乎被无尽的社交信息所包围，每一次的在线互动都可能成为引发焦虑的源头。人们开始担心自己的言行是否得体，是否被他人所接纳，这种过度的自我审视与担忧，正是社交焦虑在当今网络社会中的一种典型体现。

> 解决网络时代的社交焦虑，关键在于调整心态，理性看待网络社交。要减少不必要的比较，专注于自我成长，并且要合理管理上网时间。

⊙ "比较心理"中的焦虑

网络世界中的"比较心理"是导致社交焦虑的一大因素。社交媒体上，朋友们晒出的精致生活、完美身材和成功事业，让我们在羡慕的同时，不禁对自己的平凡感到焦虑。

小张，每日闲暇之时总会习惯性地刷起朋友圈。在那一方小小的屏幕里，他看到朋友们的生活精彩纷呈。有的朋友在国外的海滩上沐浴着阳光，尽情享受着异国的风情；有的朋友则在奢华的高级餐厅中，品尝着精致的美食，脸上洋溢着满足的笑容。

而小张自己呢，却还在为了每月的房租发愁。他每天天不亮就出门，挤着拥挤的地铁，在工作岗位上埋头苦干，常常加班到深夜。回到那个狭小的出租屋，早已疲惫不堪，根本没有什么娱乐生活可言。

这种强烈的对比，就像一把锐利的刀，深深地刺痛了他的心。他不禁开始思考，为什么自己如此努力，生活却依旧如此艰难？为什么别人可以如此潇洒自在，而自己却要为了生计苦苦挣扎？他觉得自己仿佛是这个世界的失败者，被命运遗忘在了角落里。

渐渐地，小张陷入了深深的焦虑之中。他开始失眠，夜晚躺在床上，脑海中不断浮现朋友们幸福的画面，以及自己疲惫而又无奈的生活。这种焦虑如影随形，让他在工作中也时常分心，效率降低，陷入了一种恶性循环。

其实，小张未曾意识到，朋友圈里呈现的只是生活的一部分，而真正的生活远不止这些表面的光鲜。但在当下，他已经被这种对比所带来的负面情绪紧紧束缚，难以自拔。

⊙ 回复中的压力

在繁忙的工作时段，小赵在工作群中郑重地发了一个有关项目进度的询问。这个询问承载着他对工作进展的关切和对任务顺利推进的期望。

然而，令他出乎意料的是，半天过去了，却丝毫没有得到任何回应。这漫长的等待让他的心情愈发沉重。

整个下午，小赵都心神不宁。他的思绪如同脱缰的野马，怎么也无法拉回到手头的工作上。他不停地在脑海中复盘自己所发的消息，反复琢磨是不是自己表述不够清晰、准确，是不是没有把问题的关键之处阐述明白。

小赵就这样在无尽的猜测和自我怀疑中度过了难熬的一下午，工作效率几乎为零。原本紧张的工作进度，因为他无法集中精力，又增添了新的压力。

网络社交中的"回复压力"也不容忽视。一条消息发出后，便开始了漫长的等待，对方是否会回复？什么时候回复？回复的内容会是什么？这些未知让我们坐立不安。尤其是在工作群或者重要的社交群组中，一句简单的发言都可能让我们反复斟酌，害怕说错话、表错情，担心自己的言论会被误解或者忽视。

网络交流中的"表情符号误解"也是一个令人头疼的问题。没有了面对面的表情和语气，单纯的文字和表情符号很容易产生歧义。一个看似友好的微笑表情，可能被理解为冷漠；一个简单的"嗯"字，也许会被认为是敷衍。

此外，网络社交中的"虚拟形象塑造"也会给一些人带来一些焦虑。大多数人在网络上精心打造着自己的形象，只展现出最美好的一面。但这种刻意的塑造，让我们越来越害怕真实的自己被他人发现，害怕一旦"人设崩塌"，会遭到别人的嘲笑和排斥。

针对网络社交焦虑这一现象，其核心要义在于，我们必须学会如何恰当地利用网络资源，适时调整自我心态，避免陷入无谓的比较之中，转而以诚挚之心进行交流，勇于展现自己最真实的一面。

在这个过程中，重要的是认识到，网络虽然是一个虚拟的世界，但它同样可以成为我们展示真实自我、建立深厚友谊的桥梁。我们应当学会利用网络平台的优势，去发掘那些能够触动心灵、促进成长的交流机会，而不是让它成为加剧焦虑、阻碍自我表达的枷锁。通过真诚的互动与分享，我们不仅能够缓解社交焦虑，还能在这个过程中收获更多的理解、支持与成长。

情绪调节与社交恐惧

在探讨社交恐惧的复杂画卷中,情绪无疑占据了举足轻重的地位。情绪,作为个体对周遭世界的主观感受与行为反馈的综合体现,涵盖了生理层面的觉醒、内心的主观体验以及外在的行为表现等多个维度。而社交恐惧,作为一种特定的情绪困扰,其核心特征在于个体在社交情境中体验到的强烈紧张感、不安情绪以及恐惧心理。

正是情绪与社交恐惧之间这种紧密而微妙的联系,使得情绪成为理解社交恐惧现象不可或缺的一环。社交恐惧患者往往在面对社交互动时,情绪反应异常剧烈,他们不仅生理上会出现紧张、心跳加速等迹象,内心更是充满了恐惧与不安,外在行为上则可能表现为回避社交、言语不流畅等。

因此,深入剖析情绪在社交恐惧中的作用机制,不仅有助于我们更全面地理解社交恐惧的本质,更为寻找有效的干预策略、帮助患者克服这一情绪障碍提供了重要的思路与方向。

⊙ **恐惧情绪对社交的具体影响**

恐惧情绪可能导致社交焦虑,即在社交场合中感到紧张、不安和害怕。这种焦虑情绪会影响一个人的自信心和表达能力,使其难以与他人进行正常交流。

社交焦虑还可能引发回避行为,如避免参加会议、演讲比赛等社交活动,从而限制一个人的社交活动和人际关系。

三年前,我在一家企业做项目待了一个月左右,这家企业有一位保洁大姐,我称她为刘姐。刘姐那一年40岁,在外来务工人员当中,她给我的第一印象是胆小,只要在人多的场合就会感到焦虑紧张、心慌。后来聊天得知,她这种情况已经持续了五年。

当时，对于刘姐的这种情况我非常好奇，于是对刘姐进行了全面了解。原来刘姐自幼家贫，父母常因经济问题争吵甚至大打出手，且父母在他们八九岁时离婚，这样的成长环境导致他们自卑、胆小。而正是这种胆小让她逐渐产生了社交焦虑，逐渐演变为社恐。

恐惧情绪可能导致人际关系的疏远和隔阂。当一个人在面对他人时感到紧张、不安和恐惧时，他可能会与他人保持距离，避免深入的交流和互动。

想象一下，一个人在与朋友交流时，内心深处总是被一种恐惧所笼罩。他害怕自己的想法不被接受，害怕自己的言语会引起误解。于是，每次交流时，他都显得小心翼翼，不敢畅所欲言。渐渐地，朋友觉得这个人总是有所保留，不够真诚，双方的关系也渐渐变得疏远。

此外，恐惧情绪还可能导致自我评价的下降。当一个人在面对他人时感到紧张、不安和害怕时，他可能会对自己的能力和价值产生怀疑和否定。

⊙ 其他情绪对社交恐惧的影响

除了恐惧这一情绪外，诸如焦虑与抑郁等负面情绪同样可能在社交恐惧中扮演重要角色。

以焦虑情绪为例，它源于对未来与未知的过度忧虑与不安。这种情绪可能导致个体选择沉默，因为他们感到无法掌控即将发生的事情。在社交场合中，焦虑情绪还可能进一步影响个体的表现，使其显得紧张局促、缺乏自信，难以展现真实的自我。

而抑郁情绪，则表现为一种持久的悲伤与沮丧感，它可能让个体陷入无助、孤独与失望的深渊。这些负面情绪如同沉重的枷锁，束缚着他们与他人交往的意愿与能力，使他们难以在社交中建立起真正的联系。

> 情绪，就像一场突如其来的暴风雨，不断冲击着我们社交的航船。因此，学会识别并有效调节自己的情绪，成为克服社交恐惧的关键一步。

我们可以尝试通过深呼吸、运动锻炼、冥想等方式来缓解焦虑情绪；同时，积极寻求专业帮助，以改善抑郁状态，重拾生活的色彩。此外，用理智的思维去看待问题，学会控制愤怒等负面情绪，也是至关重要的。

只有当我们真正认识到情绪对社交恐惧的影响，并勇于采取积极的措施去应对时，我们才能逐渐挣脱社交恐惧的束缚，勇敢地驶向那片广阔的社交海洋，享受与人交往的乐趣与温暖。

行为模式与社交恐惧

所谓行为模式，是指一个人有动机、有目标、有特点的日常活动结构，通常是指一些有规律的行为。体现了一个人的行为特点和行为逻辑，也是一个人内在心理的外在体现。

⊙ 行为模式与社交恐惧的关系

个体行为模式的塑造是一个错综复杂的历程，它交织着个人经历、家庭氛围、社会文化环境以及遗传特性、周遭条件和学习历程等多重因素的共同作用。

针对社交恐惧症患者而言，社交恐惧者的行为模式往往在其早年的社交互动中悄然成型。倘若他们在这些早期的社交体验中遭遇了挫败或心灵创伤，例如被讥笑、侮辱或遭到排挤，这些负面的社交记忆会像烙印一般深刻于心，并逐渐固化成一种消极的行为倾向——回避社交场合，以此作为避免潜在负面评价和伤害的防御机制。

一旦这种特定的行为模式得以确立，个体在后续遭遇相似情境时，往往会不由自主地展现出一致的行为反应。若未能及时采取有效的干预措施，这种模式将可能进一步加剧他们的社交恐惧，从而陷入一个难以自拔的恶性循环：社交回避—焦虑情绪升级—更加彻底的社交逃避。

⊙ 过度的自我保护

小陈，一个老实本分的职场人，来自农村，也许正是这个原因，使刚刚踏入大城市进入外企的他似乎有些不适应，总是担心同事看不起他。

所以，小陈在工作中与他人交往时，心思都放在猜测别人对自己的看法上，担心自己的一举一动会引起负面评价。

有一次同事问他老家哪里的，他支支吾吾半天也没有说出来，担心说出自己出生的小山村对方会笑话他。对方看出小陈有些为难，打趣道："一看你就是出身不凡，老家都是这么的神秘！"随后彼此一笑了之。

这种过度的在意使得他在社交中变得小心翼翼、紧张万分。而且行为表现越来越严重，哪怕别人一个不经意的皱眉，都能让他内心忐忑很久，渐渐地对社交恐惧越来越严重。

⊙ 在自我保护中封闭自己

小敏，一个生性敏感而脆弱的女孩。从小，她在家庭中就感受到了一种缺乏安全感的氛围，父母经常争吵，对她的关心也显得十分有限。这使得小敏早早地学会了自我保护，将自己的内心世界紧紧封闭起来。

这种行为一直持续到她进入职场，在一次项目探讨会中，每个人都发表了自己的意见，领导见小敏没有发言，便点名说道："你有什么好的建议吗？"

对于这个项目小敏其实已经做了一套完整的方案，但她担心这个方案不是领导想要的，说出来会被同事笑话、被领导批评。于是她回答道："我没有什么建议。"

随后，领导提出了自己的看法，而这个看法与小敏所做的方案不谋而合，就这样，小敏在自我保护中丢失了职业展现的机会。

⊙ 迎合他人的行为模式

在当今社交环境中，迎合他人已成为一种普遍的行为模式，最为人熟知的或许是下属对上级的谄媚，然而，同级之间的相互迎合亦不鲜见，这在社交场合中同样是一个值得注意的现象。这种迎合行为往往源于个体倾向于牺牲自我感受以满足他人的需求，生怕因不迎合而招致他人的不满。

随着时间的推移，这种迎合行为会逐渐侵蚀个体的社交体验，使其感到前所未有的疲惫与压抑，直至对社交产生畏惧之情。

这些不良的行为模式，犹如一道道无形的枷锁，紧紧束缚着人们在社交场合中的自由与自信，使社交恐惧不断加剧。

然而，值得庆幸的是，我们完全有能力通过改变这些行为模式来减轻社交恐惧。具体而言，我们可以尝试主动与人沟通交流，勇于表达自己的真实想法，不再过度在意他人的评价，并逐步增加参与社交活动的频率。

小测试

想象你即将参加一个大型聚会，里面有你认识但不太熟悉的人。

想象你需要在会议上做一场公开演讲。

想象你需要向一个陌生人问路。

对于每个情境，评估你的焦虑程度（1~10分）：1分表示完全不焦虑。10分表示极度焦虑，几乎无法应对。

你是否担心自己在社交场合的表现会被别人评价或嘲笑？

你是否害怕在社交场合中出错或尴尬？

在社交焦虑时，你是否会出现心跳加速、出汗、颤抖等生理反应？

这些反应是否会影响你的社交表现？

你是否经常避免参加社交活动，比如聚会、会议或公共演讲？

你是否觉得通过逃避可以避免焦虑或尴尬？

如果你的回答是"是"，那么，你需要格外关注你的行为模式，应及时进行干预。

说明：

这个测试只是一个简单的评估工具。如果你发现自己在某些方面存在困难，不妨寻求专业心理咨询师的帮助，以获得更具体的指导和支持。

第三章

因人而异
——社交恐惧症的行为表现

社恐者的行为，犹如深巷中的影子，渴望阳光却又躲避光芒。

赤面恐惧：不由自主地心慌、脸红

晓峰的烦恼

晓峰本是个充满活力的少年，然而赤面恐惧却给他的青春蒙上了一层阴影。

那是在一次学校的文艺演出排练中，晓峰被选中参与一个重要的节目。当他第一次站在众多同学面前表演时，突然感到一股强烈的心慌，紧接着脸迅速变得通红。原本熟记于心的台词一下子忘得干干净净，身体也变得僵硬无比。

从那之后，赤面恐惧就像一个恶魔，时刻伴随着他。课堂上被老师提问，他站起来的瞬间就会心慌脸红，大脑一片空白，回答得语无伦次。同学们好奇的目光让他觉得无地自容。

有一次参加暗恋女孩的生日聚会，当他鼓足勇气想要送上祝福时，赤面恐惧再次来袭，话还没说出口，脸已经红透，而女孩那疑惑的眼神让他恨不得找个地缝钻进去。

随着时间推移，晓峰越来越害怕与人交流，总是刻意避开人群。即使是面对亲人朋友，他也无法放松下来，时刻担心自己会突然脸红。

原本多姿多彩的青春，因为赤面恐惧，变得暗淡无光。

⊙ 何为赤面恐惧？

赤面恐惧症，又称红脸或脸红恐惧症（blushing and exythmphobia），是一种社交焦虑障碍，表现为在社交场合中他们对自身面部潮红、出汗等生理反应的强烈恐惧和回避行为。

这是一种令人备受困扰且难以自控的心理现象。当赤面恐惧来袭，个体往往会不由自主地陷入心慌与脸红的状态之中。

这种心慌，并非寻常的紧张情绪，而是一种犹如小鹿乱撞般难以平复的慌乱。心脏急速跳动，仿佛要冲破胸腔的束缚，脉搏的跳动声在耳中被无限放大，让人感到极度不安。就好像行走在钢丝上的人，时刻担心会失足坠落，每一秒都充满了未知的惊恐。

⊙ **症状表现**

赤面恐惧症患者的典型特征包括紧张情绪、面部潮红以及社交回避。

紧张情绪：在与不熟悉或重要人物交往时，他们常感到紧张不安，缺乏自信，担心自己的行为会遭到他人的嘲笑或负面评价。

面部潮红：紧张情绪引发面部潮红，有时甚至全身泛红，使他们感到更加尴尬与不安。

社交回避：为了避免脸红和负面评价，他们尽量避免社交场合，特别是面对面交流的情境，因此导致人际关系受限，甚至陷入孤独。

部分严重患者还可能出现长期焦虑和恐惧，导致记忆力下降，无法集中精力工作。尤其是面部潮红，如同脸颊上燃烧的火焰，迅速蔓延，难以控制。即便是日常交流中的对视或简单问候，都可能触发这种反应。例如，在工作会议上被领导点名发言时，他们会瞬间面红耳赤，思维混乱，原本准备好的话语也变得结结巴巴。

从心理学角度看，赤面恐惧的产生与个体的过度自我意识、对他人评价的过度关注以及过去的负面社交经历密切相关。在社交场合中，他们过度担忧自己的表现不够完美，害怕给人留下不良印象，这种心理压力逐渐累积，最终导致了赤面恐惧。

从社会文化角度看，现代社会对个人形象和社交能力的高度期望，也在一定程度上增加了赤面恐惧的发生概率。人们被期望在各种社交场合中表现得从容自信，这种过高的期望给许多人带来了沉重的心理负担。

然而，克服赤面恐惧并非不可能。通过心理训练和自我调整，许多人已经成功摆脱了它的困扰。例如，学会正视自己的情绪，接受脸红和心慌的瞬间,将其视为暂时的生理反应;多进行模拟社交练习,逐渐适应他人的注视;还可以通过运动、冥想等方式放松身心,增强内心的稳定性。

视线恐惧:惊恐的目光无处安放

在喧嚣的世界中,有一种隐秘而又令人痛苦的心理困境,它无声无息地侵蚀着人们的内心,那便是视线恐惧。

视线恐惧,这个看似陌生的词汇,却在许多人的生活中投下了沉重的阴影。它并非一种罕见的现象,只是常常被隐藏在人们微笑的面具之后。

⊙ 不敢对视的小敏

小敏,一个原本充满活力和梦想的女孩。在学校的一次演讲比赛中,当她站在舞台中央,聚光灯下,所有的目光都聚焦在她身上。那一刻,她突然感到一种无法言喻的压力,仿佛那些目光像无数根尖锐的针,刺痛着她的每一寸肌肤。她的心跳加速,呼吸变得急促,原本熟记于心的演讲稿变得模糊不清。从那以后,小敏发现自己开始害怕别人的目光,无论是在课堂上回答问题,还是在走廊里与同学相遇,只要与他人的视线相交,她就会感到极度的不安和紧张。

视线恐惧呈现出多样化的外在表现。一部分人,在与他人目光交汇时会不由自主地回避,眼神如同躲避危险的探照灯,不敢轻易踏入对方眼神的"禁地";另一些人,则会在他人的注视下,面部迅速泛红,心跳猛然加速,甚至伴随着头晕目眩、汗水涔涔等明显的生理征兆;更有一些人,会过度揣测他人目光背后的意图,误以为其中蕴含着对自己的负面评判,进而陷入深深的自我质疑与否定之中,无法自拔。

就像我一个朋友阿强,每次在公共场合,比如公交车上或者商场里,只要感觉到有人在看他，他就会立刻变得坐立不安。他会不断地调整自己的姿势，检查自己的衣着是否得体，担心自己的一举一动引起了别人的不满。这种过度的自我关注和对他人视线的过度敏感，让他的生活变得疲惫不堪。

⊙ 视线恐惧的根源究竟在哪里呢？

心理学领域的深入探索揭示，视线恐惧的根源可能深植于个体的成长背景、性格特质及过往的创伤性体验之中。

回溯至童年时期，频繁且过度的批评与否定如同无形的枷锁，可能导致孩子形成自卑心理，认为自己不值得被关注与喜爱。这种早期的心理创伤，会在个体成年后面对他人目光时，诱发恐惧与逃避的情绪反应。另一方面，那些在公众场合经历过尴尬或羞辱的瞬间，例如演讲时的忘词、表演中的失误等，这些负面记忆犹如难以磨灭的烙印，进一步加剧了对他人视线的恐惧感。

此外，性格内向且敏感的人群往往更易成为视线恐惧的"猎物"。他们对周遭环境及他人反应的细微变化有着超乎寻常的敏锐度，即便是微不足道的风吹草动，也可能在他们心中掀起轩然大波，引发强烈的情绪波动。

⊙ 视线恐惧真的无法克服吗？

答案是否定的。

首先，我们必须勇于面对并正视自己内心的视线恐惧。这并非一种值得羞愧的事情，而是个人自我认知与成长旅程中的一块重要基石。勇于揭开内心的面纱，坦诚地接纳这份恐惧，是通往自我疗愈与成长的关键第一步。

> 视线恐惧如同一道看似不可逾越的鸿沟，但只要我们心怀坚定的信念与决心，运用科学有效的方法与策略，定能跨越这道鸿沟，迎接属于自己的璀璨阳光。

其次，采取有针对性的心理训练策略，是克服视线恐惧的有效途径。我们可以从与亲近之人进行温和、短暂的眼神接触开始练习，逐步扩展至更广泛的社交圈子，增加眼神交流的时间与深度。同时，积极投身于社交技能提升课程，学习如何自信且恰当地运用眼神进行沟通，并掌握一系列有效的情绪调节与身心放松技巧，以强化内心的稳定与力量。

最后，转变自身的思维模式同样具有不可忽视的重要性。我们应避免过度解读他人目光中的微妙信息，学会以更加开放与包容的心态去相信，大多数情况下，他人的注视是出于友善与尊重。当感受到他人的目光时，不妨尝试进行深呼吸练习，同时内心默念："他们的目光是出于好奇或友善，并无任何恶意。"

在人生的广阔舞台上，每个人都渴望得到他人的理解、接纳与尊重。然而，视线恐惧却如同一道无形的枷锁，束缚着一些人的光芒与自信。让我们向那些正在与视线恐惧进行顽强斗争的人们伸出援手，给予他们更多的理解、关爱与支持，让他们深切地感受到，在这条充满挑战与艰辛的旅途中，他们并不孤单。

表情恐惧：担心自己的面部表情不自然

表情，这一人类情感交流的直观媒介，理应成为心灵感受的自然流露之窗。然而，对于那些深受表情恐惧困扰的个体而言，它却化身为一道难以翻越的峻岭，一片遮蔽心灵的沉重阴霾。

表情恐惧，这一心理状态，指的是个体在传达情感时体验到恐惧或不安的情绪反应。其典型外在表现包括面部表情的紧绷、眼睛的异常睁大、嘴唇的紧闭乃至颤抖，同时，身体姿态也可能呈现出僵硬或防御性的特征，这无疑是社交恐惧症的一种具体展现形式。

⊙ **表情恐惧的表现形式**

表情恐惧以多样化的形态展现于个体之间。一部分人在与人交流时，会有意识地抑制自己的面部表情，使之变得异常僵硬，仿佛被一副无形的面具所束缚，失去了自然的灵动；另一部分人则因过度关注自身表情而畏惧眼神交流，目光总是游移不定，难以与他人建立直接而坦诚的视觉联系；更有甚者，在社交场合中，他们会时刻留意他人的表情反馈，即便是捕捉到一丝微妙的负面信号，也会立即引发内心深处的极度焦虑与恐慌，仿佛被一股无形的力量所吞噬。

在一次至关重要的工作会议上，新同事小张怀揣着满腔的热忱与期待，勇敢地站起身来发表自己精心准备的观点。她神情专注，声音略显紧张却依然坚定，试图将自己的思考和见解清晰地传达给在座的每一位同事。

然而，就在她阐述的过程中，不经意间捕捉到了一位同事脸上瞬间闪过的一丝疑惑表情。那仅仅是短暂的一瞬间，可对于小张而言，却仿佛是一道晴天霹雳，直直地击中了她内心最为脆弱的地方。

这一丝疑惑的表情，在小张的眼中被无限放大。她的内心瞬间被不安和自我怀疑所占据，原本坚定的自信如同决堤的大坝，一泻千里。她开始在心中反复盘问自己：难道我的想法存在着错误？是不是我没有考虑周全？

这种自我怀疑如漩涡一般，将她越卷越深。以至于她的思绪变得混乱不堪，原本清晰的逻辑也被打乱，再也无法继续有条有理、清晰流畅地表达自己的见解。她结结巴巴地结束了发言，满脸通红地坐了下来，内心充满了沮丧和失落。

此后，每次面临在公开场合发言的情况，小张都会不由自主地回想起那次令人心碎的经历。那一瞬间同事脸上的疑惑表情，如同挥之不去的阴影，深深地烙印在她的脑海之中。

这种对表情的恐惧，就像是无形的枷锁，紧紧地束缚着她。哪怕她在发言前做了充分的准备，拥有着足够出色的想法和能力，但在恐惧的笼罩下，她总是无法彻底放开自己，无法将内心的所思所想淋漓尽致地展现出来。

⊙ **表情恐惧是如何产生的呢？**

表情恐惧的根源往往错综复杂且多方面交织。从个体成长环境的维度审视，童年时期频繁遭受家庭或学校的过度批评与否定，可能导致孩子对自己的行为与表情产生过度的自我审视和忧虑。举例而言，小明在年幼时因在亲戚面前表现不够活泼，被父母当众责备，这一经历在他心中留下了深刻的烙印，致使他成年后在社交场合对自己的表情异常敏感，时刻担心重蹈覆辙。

心理层面的因素同样举足轻重。性格内向、自卑且敏感的人，往往更易受到外界评价的左右，对自己的表情产生恐惧。他们倾向于过度解读他人的表情信号，将其视为对自己的否定，进而陷入深深的自我怀疑之中，无法自拔。

社会压力亦不容忽视。在当下这个竞争激烈、注重形象的社会环境中，人们普遍期望在各种场合都能展现出完美的自我和恰当的表情。这种过高的社会期望和标准，让许多人在面对他人时感到前所未有的紧张与恐惧。

值得一提的是，据一项权威研究报告揭示，约有30%的人群在不同程度上存在对表情的担忧和恐惧，而在青少年和初入职场的年轻人群体中，这一比例更是呈现出上升的趋势，凸显了表情恐惧在当代社会中的普遍性和严峻性。

⊙ 如何应对表情恐惧？

首先，在于实现自我认知与接纳。我们需勇敢地面对内心的恐惧，理解其存在并非个人的缺陷，而是一种普遍且可被理解与克服的心理状态。例如，通过撰写日记的方式，细致记录自己在不同社交场景下的表情体验与内心思绪，这一过程有助于我们逐步深化对表情恐惧的认识，并尝试以开放的心态接纳自身的不完美。

> 表情恐惧或许是一场漫长且充满挑战的旅程，但只要我们怀揣坚定的信念，采取积极的行动，就一定能够逐步驱散内心的阴霾。

其次，心理调适与放松训练同样具有不可忽视的作用。诸如深呼吸、冥想、渐进性肌肉放松等技巧，能够有效缓解在社交场合中的紧张与焦虑。此外，参与专业的心理辅导课程，学习如何有效管理情绪与表情，也是提升自我认知与应对能力的重要途径。

最后，转变思维模式同样至关重要。我们应学会不再过分在意他人的评价，而是以一种更加积极、宽容的心态去看待自己与他人的表情。这种心态的转变，能够减轻我们对外界的过度关注，从而更加专注于自身的成长与进步。

在社交实践中逐步挑战自我,同样是一种行之有效的策略。我们可以从与亲近、信任的人开始,逐渐增加与陌生人的交流,通过不断积累成功的社交经验,提升自己的社交自信与表情应对能力。

异性恐惧:与异性相处感到压力很大

异性恐惧,这一心理现象,描述的是个体在与异性互动时所体验到的一种深刻的不安、紧张及恐惧情绪。这种恐惧的根源可能复杂多样,涵盖了过往的负面经历、内心深处的自卑感、社交场合中的焦虑情绪,以及对异性存在的误解或过高的期待。它往往作为社交恐惧症的一种表现形式,深刻地影响着个体的社交行为与心理健康。

⊙ 心门背后的情感枷锁

在我上大学的时候,我们班有一个同学叫小悠,后来成了我好朋友的女朋友,听我朋友讲,小悠是一位聪慧过人且才华横溢的女孩,在众多领域都展现出了非凡的天赋和潜力。她在学业上成绩优异,思维敏捷,总能轻松应对各种难题;在艺术方面也有着独特的见解和出色的表现,无论是绘画还是音乐,都能展现出令人赞叹的水准。

然而,每当她置身于有异性存在的环境中,内心便会不由自主地被一股强烈的紧张与不安所笼罩。这种情绪并非如过眼云烟般转瞬即逝,而是如同一颗深深扎根于她内心深处的种子,逐渐发芽、生长,悄无声息却又坚定不移地对她的生活产生着深远的影响。

有一次,学校精心组织的盛大舞会上,原本满心期待着能够在这个充满欢乐与梦幻氛围的场合中尽情享受美好时光的小悠,精心打扮,怀揣着憧憬踏入了舞池。可就在与异性的目光交汇的那一瞬间,她的世界仿佛瞬间发生了天翻地覆的变化。

她的心跳瞬间急速加快,那剧烈的跳动好似鼓槌疯狂地敲击着胸膛,似乎要挣脱身体的束缚。脸颊瞬间如被烈火灼烧般绯红，热度不断上升，仿佛能将周围的空气都点燃。她的双手也全然失去了控制，不知该往何处安放，时而紧紧攥住衣角，时而无助地在空中挥动几下。

原本精心准备好的优雅姿态在这一刻荡然无存，自信的笑容也如同被风吹散的云朵，瞬间消失得无影无踪。取而代之的是那难以掩饰的局促不安，她的眼神开始闪躲，身体不自觉地向后退缩，内心深处升腾起想要立刻逃离这个令她感到无比窘迫的场景的冲动。

这时，我帅气的朋友礼貌地向她伸出邀请之手，希望能与她共舞一曲。可小悠却仿佛被施了定身咒一般，呆呆地站在原地，目光中满是惊恐和无助。她的嘴巴微微张开，想要说些什么，却最终一个字也未能吐出。

小悠这种表现便是典型的异性恐惧。

⊙ 异性恐惧的表现形式

生理层面上的反应，在与异性交往的情境中，可能体现为心跳骤然加速、汗水涔涔、肢体轻微颤抖乃至整个身体的僵化，甚至伴随着手部的不自主抖动以及脸颊的绯红。

情感维度上，个体可能会经历紧张情绪的攀升、焦虑感的弥漫、恐惧心理的滋生，乃至恐慌情绪的爆发，内心深处担忧自己的言行举止会成为对方嘲笑或排斥的对象。

行为方面，个体可能会倾向于规避与异性的任何形式的接触，这包括眼神的交汇、言语的交流以及更为亲密的互动，甚至可能选择逃避社交场合，以减少与异性交往的机会。

语言表达上，面对异性时，个体可能会变得言辞混乱，说话磕磕绊绊，难以清晰、有条理地传达个人的思想与情感。

在心理学的探索范畴内，这种面对异性时产生的过度紧张与不安，或许可以追溯至个体早期的情感体验、家庭氛围的熏陶以及社会文化对两性关系的塑造等多重因素。

从个人成长轨迹的视角出发，以小悠为例，或许她在童年的时光里与异性的交往经历相对匮乏，缺乏积极正向的互动积累，从而在成年后面对异性时容易产生焦虑与恐惧的情绪。

若从家庭背景的角度剖析，家庭成员间关系的不和谐，或是父母对两性交往持有的保守乃至负面态度，也可能在无形中塑造了小悠对异性的认知与感受。

尽管异性恐惧作为社交恐惧症的一种表现形式，但它并非不可改变。通过深化自我认知、进行心理调适以及积极参与社交实践，个体完全有能力克服这一障碍。正如小悠的故事所展现的，在我这位朋友的耐心引导下，她逐渐学会了正视自己的情感，勇敢地挑战内心的恐惧，最终在与异性的交往中重新找回了自信与从容，甚至成为我的朋友的女朋友。

权威恐惧：不敢与权威人士打交道

在我们的社会架构中，权威的身影无处不在，它们渗透于学术界的专家教授之中，显现于政界的领军人物身上，亦闪耀于商业界的精英群体里，各自在其领域内扮演着权威的角色。然而，与这些权威人士建立良好互动的能力，并非人人都能轻松掌握。许多人由于各式各样的原因，对权威保持着一种根深蒂固的恐惧心理，这种心理状态在心理学领域被赋予了特定的名称——权威恐惧。

⊙ 恐惧权威的根源

权威恐惧的根源错综复杂，既植根于个人的心理层面，又深受社会环境的影响。从个体心理的角度审视，权威恐惧或许源于童年时期所受的教育模式。众多人在成长道路上，经历了父母或教师严格的管教，这些管教手段往往伴随着批评与惩罚。如此教育方式，可能在个体成年后，诱发一种对权威的条件反射式恐惧。

此外，个体在成长历程中逐渐形成的自尊心与自信心，亦对其对待权威的态度产生深远影响。自信心匮乏的个体，更易对权威心生畏惧，他们担忧自己的表现无法契合权威人士的期望，进而遭受贬低或排斥。这种恐惧情绪，无疑加剧了他们在与权威交往时的紧张与不安。

从社会环境的维度探究，权威恐惧的根源可追溯至社会对权威的崇拜与敬畏。在诸多文化中，权威被视作智慧与力量的化身，其言论与行为被视为真理的典范与行为的楷模。这种对权威的崇拜与敬畏，使个体在面对权威时感受到一种无形的压力，进而催生出恐惧情绪。

小琳的"恐惧"

小琳是一位工作努力、才华出众的职场新人。然而，每当面对公司的高层领导，或者行业内的权威专家时，他就会变得紧张局促，原本清晰的思路也变得混乱不堪。

有一次，公司组织了一场重要的项目讨论会，小琳事先做了充分的准备，对相关方案有独到的见解，胸有成竹。

但是，当领导向他投来询问的目光时，他紧张了，支支吾吾，无法顺畅地表达自己的想法。

⊙ 表现形式

权威恐惧的展现形态复杂多变，深入剖析，我们可以从个体的行为模式、心理状态以及认知偏差等多个层面进行细致观察。

在行为模式上，权威恐惧者往往采取一种消极回避的策略来应对权威。他们不仅可能避免与权威人士的直接交流，甚至在某些情况下，会采取极端措施，如故意忽视或刻意避开权威的存在，以避免任何可能的冲突或评价。这种回避行为不仅极大地限制了他们与权威的互动机会，也无形中剥夺了他们从权威那里学习和成长的可能性，进而阻碍了他们的个人发展和社会适应。

在心理状态层面，权威恐惧者往往表现出对权威的过度敏感与焦虑。他们过度关注权威人士的评价和反应，时刻担忧自己的表现未能达到其期望标准，这种焦虑感使他们在面对权威时内心充满紧张与不安。这种心理状态不仅影响了他们的自信心和自尊心，还可能引发一系列负面情绪，如自卑、沮丧和愤怒等，进而对他们的日常生活和工作造成负面影响。

此外，权威恐惧者还可能存在认知偏差。他们可能将权威人士视为拥有绝对权力和特权的存在，从而对其产生嫉妒和敌意情绪。他们可能认为权威人士拥有他们所没有的优势和资源，因此对他们产生不公平的嫉妒心理。同时，他们也可能对权威持有敌对态度，将其视为对自己个人自由和尊严的潜在威胁，这种认知偏差进一步加剧了他们对权威的恐惧和不安。

综上所述，权威恐惧的展现形态复杂多变，涉及个体的行为模式、心理状态以及认知偏差等多个层面。深入理解和认识这些展现形态，有助于我们更好地识别和处理权威恐惧问题，从而帮助个体克服恐惧，实现个人成长和发展。

⊙ 恐惧中的"空白"

记得在大学即将毕业的时候，我参加学校一个备受瞩目的学术交流活动，场地上汇聚了来自四面八方的学术精英，氛围庄重而热烈。对于我而言，这无疑是一个极为难得且珍贵的机遇，因为我有幸能够向一位在学术界声名远扬、备受尊崇的著名学者请教问题。

当我怀揣着满心的期待与崇敬，迈向那位学者时，能清晰地感觉到自己的心脏在胸腔中猛烈跳动，仿佛是一面被急促敲击的战鼓。我的双手不自觉地微微颤抖，喉咙也变得异常干涩。

然而，过度紧张的情绪却如汹涌的潮水一般，将我彻底淹没。原本在脑海中条理分明的思路，此刻变得混乱不堪，犹如一团乱麻，怎么也理不出头绪。当我试图开口阐述自己长久以来的疑惑时，话语变得结结巴巴，逻辑混乱，无法清晰地表达出内心真正的想法。

更为糟糕的是，在这极度紧张的状态下，我甚至紧张到大脑一片空白，忘记了一些至关重要且事先反复斟酌的关键要点。那些要点，原本是我问题的核心所在，是我长久思考与探索的结晶，可在这紧张的一刻，却如同被风吹散的云雾，消失得无影无踪。

毫不避讳地说，我曾经也是一位权威恐惧者，在那一段时间，它对我产生了一定的影响。

客观地分析，权威恐惧对个体的影响深远且多面。从个人发展的角度看，权威恐惧不仅是一道阻碍，更是个人与权威间互动合作的绊脚石，极大地限制了个人在多个领域内的潜能释放与成长机遇。在职场环境中，权威恐惧者可能因难以与领导或同事构建稳固关系，而面临工作绩效受限、职业发展受阻的困境。这种恐惧感使他们难以展现真实的自我，错失与权威人士共同成长的宝贵机会。在学术领域，权威恐惧同样可能成为学术交流的障碍，使个体难以与导师或同行开展深入对话，限制学术成果的深度与广度，削弱创新能力。

因此，我们必须深刻认识到权威恐惧对个人成长的潜在危害，并采取积极措施予以应对。这不仅有助于提升个人在职场与学术领域的竞争力，更能促进个人的全面发展与成长，实现自我价值的最大化。

心理紧张：当众讲话就口舌打结

在人生的广阔舞台上，每个人都扮演着各自故事里独一无二的主角角色，而公众演讲，这一环节，却常常成为许多人前行路上的严峻考验。即便是那些在日常生活中能够滔滔不绝、言辞流利的人，在面对众多目光的聚焦时，也可能会感受到手心渗出的细汗、心跳的骤然加速，甚至会出现言语上的磕绊与不畅。这种在公众面前产生的心理紧张情绪，尤其是当众发言时所伴随的焦虑感，实则是一种普遍存在的心理状态，它悄无声息地影响着广泛的人群。

被众人的目光打败了

李辉是一个性格偏向内向的人。平日里，他惯于沉浸在自己的思考世界中，不太擅长主动地与人热烈交流和积极展示自我。

在那一次对于公司而言至关重要的会议上，气氛严肃且紧张。正当众人热烈讨论之际，领导突然点名让李辉发表对新项目的看法。

就在被点名的那一刻，众人的目光齐齐看向了李辉，他仿佛被一道无形的闪电击中，心跳如同疾驰的赛马，那强烈的节奏甚至几乎让他喘不过气来。看着众人的目光，他紧张极了，大脑瞬间陷入了一片空白，仿佛被一场突如其来的暴风雪所笼罩。

他努力调整了自己的思绪，开始表达自己的观点，可是由于太紧张，说出的话却变得磕磕绊绊，原本流畅的语言此刻却像是生锈的齿轮，艰难地转动着。不仅如此，他甚至还出现了多次明显的停顿，那些停顿的瞬间，会议室里安静得仿佛能听到针掉落的声音，让他愈发感到窘迫和不安。而且在紧张之下，他还犯了多次错误，把一些重要的数据说错，观点的阐述也出现了偏差。

比如，他原本清晰记得项目中关于市场份额预测的关键数据，但在紧张中却说成了相差甚远的错误数字。又比如，对于项目风险评估的要点，他在陈述时出现了前后矛盾的情况。

像李辉这样在当众讲话时心理紧张、口舌打结的情况并非个例。这种现象在各种场合都时有发生，比如课堂上的发言、社交活动中的自我介绍、演讲比赛等。

那么，为什么会出现这种情况呢？心理紧张的根源往往是多方面的。

◉ **寻根问因**

像李辉这种在关键时刻因紧张而表现失常的状况在很多人身上时有发生，这种现象在各种场合都时有发生，比如课堂上的发言、社交活动中的自我介绍、演讲比赛等。

究其原因，或许与他内向的性格导致的社交焦虑、对他人评价的过度在意以及缺乏在公众场合频繁发言的锻炼等因素紧密相连。

具体来说，主要涉及以下几个方面：

1.自信心的匮乏是引发紧张情绪的根源要素之一。当个人对自身能力持有怀疑态度，特别是在面对陌生环境或挑战性任务时，这种疑虑往往会加剧内心的不安。

2. 准备工作的欠缺是导致紧张情绪的关键因素。对演讲内容缺乏深入了解，对听众背景信息掌握不足，都会增加上台后面对未知情况的不确定性和恐慌心理。

3. 过往的公众演讲经历，尤其是那些负面的记忆，如遭遇尴尬、失败或受到批评，会在个体心理上留下难以磨灭的阴影。这些经历会形成条件反射，使得个体在再次面临类似情境时，紧张情绪更加难以抑制。

⊙ 一起来改变

要想解决问题，首先要剖析原因，对于此类人群，要根据自身的原因进行自我调整训练。

首先，增强自信，此乃缓解紧张情绪的首要法门。需深信自身的能力与价值，明了紧张乃人之常情，并非个人缺陷所在。

譬如，每日于镜前给予自我积极的心理暗示，轻声告诉自己："我具备出色表现的能力。"持之以恒，当再度迎来公众演讲的契机时，紧张之感自会得以舒缓。

其次，充分的筹备工作同样不可或缺。在演讲前夕，需对内容进行周密的准备与排练，对每一个细节了如指掌，如此，在实际演讲时方能胸有成竹，信心倍增。

最后，掌握一定的放松技巧亦大有裨益。如演讲前进行深呼吸练习，使身体肌肉得以放松，紧张情绪得以缓解。

此外，积极参与实践活动，不断积累公众演讲的经验，亦是克服紧张情绪的有效途径。通过不断的实践，我们将逐渐适应并享受在众人面前发表演讲的成长过程。

心理担心：说话表达语无伦次

在人类的情感世界中，担心无疑是一种普遍且深刻的情感体验，它常常在我们遭遇威胁或面对不确定性时自然而然地涌现。这种情绪不仅对我们的思维方式和行为举止产生深远影响，更在语言表达上留下鲜明的痕迹。当担忧达到极致时，许多人会发现自己言辞变得杂乱无章，这既是生理应激反应的一种表现，也是心理状态深刻变化的体现。

首先，我们回顾一下语无伦次的表现形式：

1. 在担忧情绪的笼罩下，我们或许会选用不恰当的词汇来表述思绪，使得言语显得生硬且不自然。这种词汇运用上的失当，不仅削弱了表达的精准度，还可能引发听众的困惑，甚至误读我们的真实意图。

2. 担忧情绪可能会干扰我们构建句子的逻辑思维，致使句子结构变得错综复杂，难以捉摸。这种混乱的句子架构，非但无法清晰传递信息，反而可能让听众感到迷茫。

3. 在担忧情绪的驱使下，我们或许会不自觉地重复某些词汇或短语，或在言语间出现长时间的停顿。这种重复与停顿，不仅破坏了语言的流畅美感，还可能让听众感到不自在与尴尬。

4. 担忧情绪还可能让我们的声音出现颤抖，或是语速变得过快或过慢。声音的颤抖会削弱我们话语中的自信力量，而语速的异常则可能影响听众对信息的准确理解。

让他遗憾的一次面试

在那一次至关重要的面试中，他怀着忐忑不安的心情走进房间，面对着表情严肃、目光锐利的面试官，心中瞬间被对能否通过面试的担忧所填满。

他不停地在心中揣测面试官的每一个表情、每一个动作所蕴含的深意，想象着自己可能会犯下的各种错误。

当面试官问到关于他过往工作经历中如何解决团队合作中的矛盾时，对于这个问题，他有很多在工作中成功协调各方、化解冲突的案例，可是，他在表达的过程中却断断续续，没有逻辑性。他说："我觉得同事之间不会有太大的矛盾，即使有矛盾，只要领导出面，都会圆满解决。"

面试官听了他的回答，低头没有回应。显然，面试官对于这个回答并不满意。他看到面试官如此反应，瞬间更加担心了起来。

面试官接着问道："你对自己未来职业有何规划？"

他又慌慌张张地回答："我要做一名优秀的设计师，在本地设计圈占有一席之地。"

显然，这个回答表述得模糊不清，无法展现出自己的雄心壮志和明确目标。

而事实上，他对自己的职业生涯有清晰的规划，可不知道为何，在关键时候却无法清晰地表达。

最终，他与这份心仪已久的工作擦肩而过。

⊙ 如何调整？

从担心情绪所引发的外在表现来看，诸如词汇选用失当、句子架构杂乱、言语重复与停顿、声音颤抖以及语速失常等，皆源于思维的紊乱，即我们的"心"已失去了原有的宁静。

针对这一现象，我们首要的任务是进行心理层面的调适。当担忧的情绪初露端倪时，我们可采取自我激励的手段使自己恢复冷静。与此同时，借助深呼吸与放松练习，我们可以有效减轻身体的紧张感与担忧心理。这些方法有助于我们稳定情绪，进而提升语言表达能力。深呼吸能使我们身心得以放松，减轻焦虑情绪；而放松练习则有助于我们重拾内心的平和与自信。

综上所述，我们应意识到，担心情绪是每个人在成长与生活中难以避免的挑战。学会如何管理与克服这一情绪，将使我们能够更加坚韧与自信地迎接未来的种种考验。

小测试

1. 经常会想如果亲人有不幸该怎么办。
   是　否

2. 有时会担心给自己或所爱的人带来伤害。
   是　否

3. 经常检查灯和水龙头是否关好。
   是　否

4. 在人群中受到推搡觉得反感。
   是　否

5. 有洁癖，比如多次反复地刷洗衣服和家具，或经常洗手。
   是　否

6. 总是对自己和自己所干的事不满意。
   是　否

7. 总是想提前离开有可能使你遭遇尴尬的境地。
   是　否

8. 能轻易做出困难的决定。
   是　否

9. 经常觉得身上衣服有些不对劲。
   是　否

10. 经常回家检查门窗是否锁好。
    是　否

11. 舍不得扔掉已没用的旧东西。
    是　否

12. 总觉得自己是在不由自主地做事。

是　　否

13. 睡觉前会把衣服整齐码好。

是　　否

14. 家里的东西要摆放在固定的位置。

是　　否

测试结果分析：

回答"是"的个数没到 4 个：说明您处于正常范围。

回答"是"的个数在 5~8 个：说明您可能患有轻度恐惧症。

回答"是"的个数在 9~2 个：说明您可能患有中度恐惧症。

回答"是"的个数超过 12 个：请注意，您可能有患上潜伏性神经官能症恐惧的危险。

说明：

这个测试只是一个简单的评估工具，如果你发现自己在某些方面存在困难，不妨寻求专业心理咨询师的帮助，以获得更具体的指导和支持。

第四章

认知重构
——挑战社恐思维的牢笼

认知重构是社恐者心灵的重塑,赋予了他们新的视角看世界。

识别与理解社交中的负面情绪

在人际交往的过程中，具备辨识并理解负面情绪的能力是极其关键的，它对于维系人际关系的和谐发挥着重要作用，并且能够促进个人情感智慧与同理心的不断成长。

⊙ **识别负面情绪**

让我们先来看一个常见的场景：

在一次朋友聚会上，小张原本兴高采烈地分享自己的旅行经历，然而，当他提到某个细节时，朋友小李突然脸色一沉，变得沉默不语。这时，小张感到一阵困惑和不安，不明白为什么原本愉快的氛围会突然变得如此压抑。

场景中小李的表现就是明显的负面情绪，此外，负面情绪多种多样，比如愤怒、焦虑、沮丧、嫉妒等。愤怒可能表现为大声争吵、怒目而视；焦虑常常体现为坐立不安、频繁看表；沮丧则可能是低垂着头、沉默寡言；而嫉妒可能会通过冷嘲热讽或者故意疏远来表现。当然，有些负面情绪是比较隐晦的，那么，我们该如何识别自己的负面情绪呢？

第一，注意身体反应。当你在社交场合中感到不适时，注意自己的身体反应，如心跳加速、紧张、出汗、胃部不适等。这些身体信号可能是负面情绪的前兆。

李明是个平凡的上班族，每天的生活简单而规律。但今天，他得知自己交给领导的项目提案在会议上被否决了，理由竟是"缺乏创新性"。在得知这一消息后，他并没有感到非常难过。可是，随后老板秘书通知他去开会时，他有些慌了，身体莫名地紧张了起来，心想，难道领导要在会议上批评我提案吗？这样的话自己实在太难堪了？在去往会议室的路上，越想越紧张，不由得手心中冒出了汗……

李明的身体反应就是典型的负面情绪的表现，我相信，很多人都曾遇到过类似的情况。

第二，关注思维变化。负面情绪通常伴随着消极的思维模式，如过度担忧、自我怀疑、对未来感到悲观等。留意这些思维变化，它们可能是负面情绪的直接体现。

李明怀着紧张的心情走到会议室，让他庆幸的是，会议主题讨论的是另外一件事，与他的提案没有任何关系。

下班回家的路上，他坐在地铁上陷入了深深的思考中，面对当下的工作状态及环境，他想，自己是否真的适合这份工作？自己是否有能力做好它？如果这样下去自己的未来该是多么糟糕啊……

越想心里越烦，一种莫名的忧愁涌上心头。

对于李明的这种心理，如果后期不加以干预，必然会步入社恐或抑郁的状态。对此，我们要时刻关注自己思维的变化，是否一直处于消极的思维当中，并应十分警惕。

第三，记录情绪日记。养成记录情绪日记的习惯，每天记录下你在社交中的情绪变化，包括触发情绪的事件、你的反应以及后续的感受。这有助于你更清晰地识别和理解自己的情绪。

⊙ 理解负面情绪

探寻情绪根源：努力追溯引发负面情绪的具体因素，是源于某个个体的言行举止、特定的社交环境，还是个人期望与现实之间的落差？明确情绪的触发点，有助于你更精确地把握情绪的本质。

剖析情绪背后的深层需求：负面情绪往往折射出我们内心深处某些未被

满足的基本需求，比如渴望被尊重、被理解、被接纳等。通过细致入微的分析，你可以更加清晰地洞察自己的情感渴求。

衡量情绪的影响范围：反思负面情绪对你的人际交往、职业表现、日常生活质量等方面产生的连锁反应。这一过程将使你深刻认识到管理负面情绪的重要性，并激发你采取积极行动的动力。

在社交场合中识别并理解负面情绪是一项复杂却至关重要的任务。通过留意身体的微妙反应、思维的波动，以及坚持记录情绪日记等实践，你可以更加敏锐地捕捉自己的情绪变化；而通过追溯情绪根源、剖析深层需求、衡量影响范围等策略，你将能够更深入地洞察并理解自己的情绪世界。

替换消极观念为积极信念

在人生的旅途中，我们难免会遇到挫折、失望和困境，这些经历往往会引发消极情绪的滋生。然而，消极情绪并非不可战胜的敌人，而是心灵成长道路上的一块块垫脚石。通过一系列有效的策略和实践，我们可以学会如何替换消极情绪，让心灵重新沐浴在阳光之下。

第一步，认识自我，觉察情绪。

认识自我，及时觉察情绪状态，区分沮丧、愤怒、焦虑等负面情绪。记录情绪日记，清晰追踪情绪变化及触发情境。

第二步，情绪调节，掌握技巧。

掌握深呼吸、冥想、正念练习等情绪调节技巧，放松身心，冷静面对问题。运动、瑜伽释放内啡肽，提升情绪。

第三步，积极思维，重塑信念。

培养积极思维，寻找事情中的积极面。自我肯定增强自信，建立积极自我形象，用正面话语鼓励自己。

第四步，建立支持，分享情感。

建立支持系统，与信任的人分享感受，加入兴趣小组或支持团体，拓宽视野，看到问题不同角度。

第五步，改变生活，创造积极。

保持健康饮食，确保营养均衡，充足睡眠稳定情绪。创造积极生活环境，如整理房间、摆放绿植，愉悦心情。

记得我刚步入社会那几年，在工作中经常遭受一些委屈，每当这个时候我很是难过。但我很快发现，这种消极的情绪只会让自己更加沮丧，毫无益处。后来，我想了一个办法，每当自己有消极情绪的时候，我便会听一些励志的歌，消极的情绪很快就会得到缓解。

我想，如果当时没有将这种方式融入自己的生活，那么，用不了多久，在消极情绪的影响下，我很快就会变得悲观，乃至社恐。

第六步，专业帮助，寻求支持。

消极情绪持续且严重影响生活时，寻求心理咨询师指导，必要时考虑药物治疗。

第七步，耐心坚持，自我接纳。

替换消极情绪需长期耐心，学会接受情绪，包括消极情绪，保持耐心坚持，逐步实施策略，心灵逐渐成长。

总之，替换消极情绪是重塑心灵的旅程。通过认识自我、情绪调节、积极思维、建立支持、改变生活方式、寻求专业帮助及自我接纳，走出阴霾，迎接美好人生。学会有效应对情绪起伏，让心灵自由翱翔。

用事实反驳恐惧

在人生的旅途中，恐惧时常如影随形，为心灵笼上一层阴霾，使我们踟蹰不前，错失诸多珍贵机遇。常言道"事实为据，胜于空谈"，在某些时刻，我们可以借助客观事实的光芒，驱散内心的恐惧阴霾。

举例来说，有人对乘坐飞机心怀恐惧，担忧飞机会在空中突发故障而坠毁。然而，根据确凿的统计数据显示，飞机实则属于当前最为安全的交通工具行列。从事故发生率这一维度审视，每年因飞机失事而罹难的人数，远低于因道路交通事故而丧生的人数。并且，现代航空技术的日新月异与安检措施的严谨完备，均为飞行的安全性提供了强有力的保障。

⊙ 事实是最有力的证据

从社群的适应性来说，没有什么恐惧是克服不了的。

比如在《阿甘正传》这部经典之作中，阿甘天生智商不高，周围的人都觉得他这辈子不会有什么出息，阿甘虽然在做一些事情的时候心有恐惧，但他从未被这些负面的声音和看法所左右，他凭借着自己坚定的信念和不懈的努力，在橄榄球场上大放异彩，在战场上英勇救人，最终成为众人敬仰的传奇人物。阿甘用自己的实际行动反驳了那些认为他注定失败的恐惧言论。

再比如《老人与海》中的圣地亚哥，已经连续 84 天空手而归，所有人都认为他老了，再也捕不到鱼了，他对于自己体力的衰退虽也有恐惧。但，他毅然决然地出海，在与巨大马林鱼的搏斗中，展现出了惊人的毅力和勇气。尽管最终只带回了一副骨架，但他证明了自己的价值，用事实打破了他人对他的质疑和自身的恐惧。

相关研究表明，超过 70% 的恐惧在经过实际行动和事实检验后，被证明是夸大或不存在的。就像这些例子所展示的，当我们勇敢地面对恐惧，用实际行动和事实去验证时，往往会发现恐惧只是纸老虎。

⊙ 用事实反驳恐惧的方法

第一，查找可靠来源的信息。要获取准确信息，首要步骤是查阅权威机构、政府报告或学术研究的资料。例如，面对对失败的恐惧，应从权威渠道获取数据，验证个人认知的准确性。事实上，失败是成长不可或缺的一环，众多成功人士均历经多次失败，却从中吸取教训，终获成功。诸多实例证明，将失败视为终点而非新起点是错误的观念。积极面对挑战与失败，能培养个人的韧性与适应力，为未来的更大成就奠定基础。

第二，了解恐惧的根源。深入了解恐惧背后的原因，识别引发恐惧的误解或错误信息至关重要。为何面对同一事物，他人无惧而你却心生恐惧？需运用科学方法，客观识别并纠正误解与错误信息。例如，有人恐惧与领导交流，源于初入职场时被领导在公众场合批评的经历，此后逐渐对与领导交流产生恐惧，甚至避而不见。对此，应冷静分析：并非所有领导都如那位在公众场合批评你的领导般严厉；每位领导都有其独特的领导风格与行事习惯，需我们去适应而非要求领导适应我们。一旦明了这些道理，对领导的恐惧自会减轻。

第三，提供统计数据。使用具体的统计数字来展示恐惧的情况并不如人们想象得那么普遍或严重。

第四，分享成功案例。讲述或引用那些克服了类似恐惧并取得成功的人的故事。

第五，理性分析。通过逻辑分析和推理，指出恐惧中的不合理之处。

总之，事实是最有话语权的，通过以上这些方法，我们可以更加理性地看待问题，减少不必要的恐惧。

培养成长型思维模式

在当今这个充满竞争、日新月异的时代里，秉持一种正确的思维模式显得尤为重要。对于那些深受社交恐惧困扰的人们而言，成长型思维模式犹如人生征途中的一盏明灯一样，指引着我们不断突破难关，迈向真正的成长与蜕变。

⊙ 什么是成长型思维模式？

简单来说，我们坚信人的能力能够通过不懈的努力、持续的学习及实践而不断发展与精进。与之截然不同的是固定型思维模式，它主张人的能力是恒定不变的。试想，若你认为自己的能力一成不变，那么在遭遇挑战与困境时，是否更容易选择退缩，认为自己"无能为力"？然而，秉持成长型思维的人，则会将这些挑战视为促进自身成长的契机，满怀热情地迎接它们。

斯坦福大学心理学领域的杰出学者卡罗尔·德韦克教授，经过数年的深入研究后揭示，拥有成长型思维模式的学生，在学习方面往往展现出更加卓越的表现。相关数据显示，面对挫折时，这类学生更倾向于坚持不懈，其成绩提升幅度相较于固定型思维模式的学生，高出约 30 个百分点。这一发现有力地证明了思维模式对我们的表现与成就具有深远的影响。

我们举一个学生学习的例子，很多同学一看到复杂的数学题就头疼，认为自己天生就没有数学细胞。这其实就是固定型思维在作祟。而具有成长型思维的同学会怎么想呢？他们会告诉自己："我还没有掌握解题的方法，只要多做几道类似的题目，多请教老师和同学，我一定能搞明白。"结果往往是，他们真的在数学上取得了进步。

再看看那些成功的企业家，如国内某电商巨头某某，他在创业初期并非一帆风顺，遭遇了很多坎坎坷坷，遭遇了无数的困难和质疑，甚至被人说成是骗子。

但他始终坚信自己的能力可以不断提升，团队可以不断成长，就是因为这个信念和自信，最终打造了一个商业帝国。如果回到当初，他一开始就抱着固定型思维，觉得自己能力有限，无法应对如此巨大的挑战，被人说成是骗子的

> 培养成长型思维模式，关键在于相信能力可塑，勇于面对挑战。面对困难，视其为成长机遇，从失败中吸取教训，不断学习和进步。

时候，失落难过，然后不敢再与他人打交道，那么还会有他今天的成就吗？

⊙ **如何培养成长型思维模式呢？**

首先，在于重塑我们的语言习惯。避免频繁使用"我无能为力"或"我做不到"这类消极表述，转而采用"我目前尚未掌握，但我愿意学习"或"此次未能达成，但我坚信下次可以成功"这样的积极自我暗示。这种正面的心理暗示，会逐渐引导我们的思维走向积极。尽管前文已对此有所详述，但只有付诸实践，方能显现其成效。

其次，我们需勇于迎接挑战，视失败为成长的垫脚石。在现实生活中，

许多人一遇挫折便心生退意，这种心态无异于孩童般的逃避，缺乏成长的勇气。作为心智成熟的成年人，我们的思维应当是开放的、多元的，并随着经历而日益成熟。爱迪生发明电灯的历程，便是历经上千次失败而不屈不挠的典范，他的成功绝非偶然，而是成长型思维的生动体现。

最后，保持对学习的热情至关重要。知识能够更新观念，观念则引领思维的变革，进而重塑自我认知。因此，无论何时何地，我们都应具备持续充电、拓宽视野、深化知识的意识。通过阅读、参加培训或与他人交流学习等方式，不断汲取新知与观念，拓宽思维的边界。

总之，成长型思维模式是通往个人成长与成功的关键。让我们挣脱固定型思维的枷锁，拥抱成长型思维，勇敢地踏上这段成长的征途。相信在不久的将来，我们都能遇见一个更加出色的自己，收获满满的成长与成就！

超越自卑，增强你的社交钝感力

自卑，这一隐形的枷锁，往往在不经意间禁锢了我们的行动，收窄了我们的视野，尤其在社交场合，让我们深陷社交恐惧的泥沼。然而，正如乌云边缘总有一线光明，只要我们勇于跨越这道障碍，并在此过程中锤炼出更强的社交适应力，便能迎来转机。

⊙ **内心的阴影与束缚**

自卑感，往往植根于对自我能力的低估或对外界评判的过度敏感之中。它如同一面放大镜，将我们的瑕疵与不足无限放大，使得我们在社交场合中倍感不自在，甚至心生恐惧。我们忧虑自己的言行会成为他人的笑柄或被漠视，恐惧成为众人视线的中心，这样的恐惧让我们在人际交往中变得谨慎而退缩，错失了诸多学习与成长的机会。

然而，自卑感并非不可撼动的顽石。它源于我们的认知框架、过往经历以及情感反应，亦能通过深刻的自我反思、不懈的学习与勇敢的实践来加以重塑。关键在于，我们是否具备直面自卑感的勇气，敢于迈出改变现状的第一步。

⊙ 超越自卑

超越自卑的第一步，是学会自我接纳。这意味着我们需要正视自己的不足，但也要认识到每个人都有其独特的价值和优点。自我接纳并不意味着自我满足，而是基于对自己全面而客观的认识，接受自己的不完美，同时努力提升自己。

第一，建立积极的自我认知。记录并珍视每一点成就与进步，无论大小，强化自信。面对自卑，回顾这些记录，提醒自己并非一无是处。同时，从失败中吸取教训，视其为成长的契机。

第二，设定合理的目标。避免盲目追求完美。根据自身情况制定可达成的目标，通过实现小目标积累成就感，提升自我价值感。

第三，培养积极的情感反应。面对批评与负面评价时，保持冷静，从中提取有益信息，而非全盘接受。认识到他人看法仅代表个人观点，你的价值不依赖于他人评价。

⊙ 增强社交钝感力，从容面对外界评价

社交钝感力，即在社交中保持对他人评价的适度"无感"，专注于自身目标与情感需求，是超越自卑、提升社交能力的关键。

首先，专注自我成长，将注意力从外界评价转向内在成长，视每次社交为学习与锻炼的契机，而非价值评判的舞台。通过实践，逐步见证自我进步。

其次，培养同理心，理解并接纳他人的多元观点与感受。从他人视角思考，更易理解其行为与反应，减少负面评价的过度影响。

再次，学会放松与自我调节，保持平和心态。运用深呼吸、冥想等技巧应对紧张焦虑，适时给自己"减压"，不必苛求每次社交的完美表现。

最后，营造积极的社交环境，与给予支持与鼓励的人交往，正面反馈助力适应社交场合，减少自卑感。勇于拓展社交圈，增强适应不同环境的能力。

⊙ 在实践中成长

要超越自卑、强化社交钝感力，离不开我们坚持不懈的努力、实践与深刻反思。这一路上，尽管难免遭遇挫折与挑战，但每一次挫败都是一笔宝贵的经验财富，每一次尝试都是勇气与自我超越的展现。

随着实践的深入与时间的推移，你会渐渐发现自己在社交场合愈发自信、从容不迫。你将不再过分拘泥于他人的评价，而是更加专注于内心的目标与真实感受。你将学会以一颗平和宁静的心去迎接生活中的种种挑战与变迁，享受与人交往的愉悦，珍视成长路上的每一步。

小测试

1. 你是否经常反思自己的行为和决策？

是，我经常反思并试图从中学习。

偶尔，我会在某些时候反思。

不，我很少反思自己的行为。

2. 你是否清楚自己的优点和缺点？

是，我对自己的优点和缺点有清晰的认识。

部分清楚，但还有一些模糊的地方。

不，我不太清楚自己的优点和缺点。

3. 你是否容易受到他人的影响而改变自己的想法或行为？

不，我通常坚持自己的想法和行为。

有时会，但我会尽量保持独立思考。

是，我经常受到他人的影响。

4. 你是否经常感到焦虑或不安？

不，我通常保持冷静和放松。

偶尔，我会在某些情况下感到焦虑。

是，我经常感到焦虑或不安。

5. 你是否能够接纳自己的不完美和失败？

是，我认为失败是成长的一部分。

部分接纳，但有时会感到沮丧。

不，我很难接受自己的不完美和失败。

6. 你是否能够清晰地表达自己的需求和感受？

是，我通常能够准确地表达自己的想法和感受。

有时可以，但有时会感到困惑或无法言喻。

不，我经常无法清晰地表达自己的需求和感受。

7. 你是否了解自己的价值观和信念？

是，我对自己的价值观和信念有清晰的认识。

部分了解，但还有一些需要探索的地方。

不，我不太清楚自己的价值观和信念。

8. 你是否能够积极地面对挑战和困难？

是，我通常能够保持积极和乐观的态度。

有时会感到沮丧，但我会努力调整自己。

不，我经常感到无助和沮丧。

9. 你是否经常与他人比较并感到自卑？

不，我通常关注自己的成长和进步。

偶尔会与他人比较，但我会尽量保持自信。

是，我经常与他人比较并感到自卑。

10. 你是否愿意尝试新事物并接受改变？

是，我通常对新事物保持开放和好奇的态度。

有时会感到害怕或不确定，但我会尝试克服。

不，我通常不喜欢尝试新事物或接受改变。

测试结果及解析

根据你对以上问题的回答，可以对自己的自我认知水平有一个大致的了解。如果你对大部分问题的回答都是积极的（如"是"或"有时偶尔"），那么你可能已经具备了较高的自我认知水平。如果你对大部分问题的回答都是消极的（如"不"），那么你可能需要更多的自我反思和探索来提升自我认知水平。

说明：

这个测试只是一个简单的评估工具，如果你发现自己在某些方面存在困难，不妨寻求专业心理咨询师的帮助，以获得更具体的指导和支持。

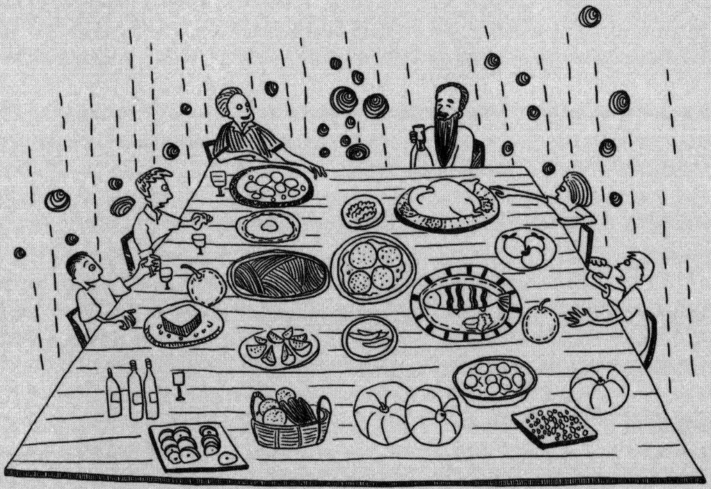

第五章

心理自助
——反社恐心理学基础

对于社恐者，心理自助是内在力量的觉醒，是战胜恐惧的第一步。

深入了解自己的社恐模式

面对社交恐惧的症状,我们是否具备自我调整的能力呢?答案是肯定的。要想有效地克服社交恐惧,关键在于深入理解并认识自己的社交恐惧模式。

⊙ 什么是社恐模式?

社交恐惧模式可以被视为个体在社交场合中展现的一系列固化的思维定式、情感体验与行为举止。这可能涵盖了对他人看法的过度在意,对潜在负面评价的过度预设,在交流中显得过分拘谨、缄默或过度取悦他人,以及在社交活动结束后,对自己的表现进行反复回味并施以严苛的自我批判等行为。

⊙ 社恐模式的形成

对于一些人,社交恐惧模式的根源可能深植于童年。频繁遭受父母或老师的严厉批评,可能严重打击个体的自信心,使其对他人评价变得异常敏感。例如,小林在童年时期因父母的高标准和学校的一次公开批评,导致他在成年后面对人际交往时总是紧张不安,害怕犯错被指责。

心理学上,社交恐惧模式通常与低自尊紧密相关。那些自我评价低、自我价值感不足的人,在社交中更容易陷入恐惧和焦虑。他们认为自己不够好,不值得被接纳,因此与人交往时总是担心被拒绝或忽视。小张就是一个例子,他因对自己的外貌和能力缺乏自信,在聚会中总是选择默默无闻,害怕被他人看不起。

此外,社会文化环境也对社交恐惧模式有着重要影响。在竞争激烈、追求完美的社会中,人们承受着巨大的心理压力,担心在社交场合表现不佳而被边缘化。职场中的小李就是一个典型例子,为了争取晋升机会,他总是担心在社交活动中给领导和同事留下不良印象,这种过度的担忧逐渐让他形成了社交恐惧,每逢社交场合便感到焦虑不安。

⊙ 自我社恐模式解读

如何洞悉自己的社交恐惧模式?自我观察首当其冲。在社交场合中,细心留意自己的思维、情绪及行为,记录那些引发紧张和恐惧的瞬间,及当时的想法与举动。同时,与亲友交流,倾听他们对你在社交中的观察与见解。此外,专业心理咨询师的协助亦不可或缺,他们能运用专业手段,助你深挖社恐模式的根源与特点。

洞悉后,便可有的放矢地改变。例如,对过度在意他人看法的,可通过心理暗示与认知重构,提醒自己他人无暇时刻评判你;低自尊导致的社恐,可通过设定并达成小目标,提升自我价值感;生理反应困扰的,可通过深呼吸、放松训练等缓解紧张。

总之,洞悉社恐模式是战胜恐惧、提升社交能力的关键。需勇于直面内心恐惧,耐心观察分析,不懈努力改变。唯有如此,方能逐渐挣脱社恐束缚,自信从容地面对社交,建立健康关系,尽享社交乐趣与成长。让我们勇敢前行,迈向更开朗自信的自己。

培养当下意识,减轻焦虑

在快节奏生活中,焦虑如影随形,尤其困扰社恐人群。工作、学习、人际和未来不确定性,都加剧心理负担,影响身心健康。但培养当下积极意识,专注此刻,能有效减轻焦虑,带来内心宁静,提升生活品质。

⊙ 培养当下意识的意义

所谓的"活在当下"意识,是一种将心灵全然聚焦于此刻、不为过往云烟所羁绊、亦不为未来迷雾所动摇的心境状态,它如同一把钥匙,开启了解锁焦虑束缚的大门。对于那些深受社交恐惧症困扰的人们来说,培育并深化这种"活在当下"的意识，无疑是一条通往心灵自由的重要途径。

张先生身为一名电脑程序员，一直沉浸在代码与数字的世界中。他的工作性质决定了他频繁地与深夜的灯光相伴，加班熬夜成了生活的常态。在这日复一日的高强度工作中，他未曾察觉自己的内心正在悄然发生着变化。

起初，张先生对于工作的繁忙与压力还能应对自如，未曾意识到这对他的社交生活和心理状态产生的潜在影响。然而，随着时间的推移，这种长期的工作状态逐渐侵蚀了他对社交的热情。

曾经，同事们的邀约他总是热情地回应，欣然赴约。那些和同事们一起吃饭、交流的时光充满了欢声笑语，是他工作之余的轻松时刻。可如今，当面对朋友们的盛情邀请，他的内心却涌起了一股抵触的情绪。他绞尽脑汁，想方设法地拒绝对方，仿佛那不再是一场愉快的聚会，而是一道令他望而却步的难题。

每当他与朋友们相聚，看到别人在各自的领域中绽放光芒，展现出优秀和自信的一面，他的内心就备受煎熬。他会不自觉地将朋友们的成就与自己相对比，从而看到自己身上诸多的不足。这种比较让他感到无比的失落和自卑，仿佛自己置身于一个热闹的世界之外，像一个孤独无助的孩子，无法融入其中，显得那样的格格不入。

从心理学的角度来看，张先生的这种变化并非偶然。长期的高压工作导致他身心疲惫，没有足够的时间和精力去维护社交关系，从而逐渐与社交圈子产生了隔阂。而且，在这种频繁的比较中，让他变得焦虑，而忽视了当下。

对于类似的情况，我们可以通过培养当下意识逐步解决。

⊙ 实践当下意识的五大策略

1. 正念冥想。正念冥想是培养当下意识的高效法门。每日择时，如晨起、餐前或睡前，闭目凝神，专注呼吸，让思绪如流水般自然流淌，不评不究。

2. 全身扫描。冥想时，可结合全身扫描，从头至脚，温柔感知身体每一处，无论松紧，皆以关爱相待，增进体觉，促进心身松弛。

3. 日常活动中的正念：将正念融入日常，如进食、行走、沐浴，皆成修行。例如，进食时全情投入于味觉、口感与咀嚼，远离手机干扰，使平凡生活焕发新意。

4. 感恩日记。感恩日记，每日记录三桩感激之事，无论微末，皆能汇聚正能量，提升幸福感，屏蔽负面杂音。

5. 自然接触。自然接触，则是舒缓焦虑的天然妙方。定期徜徉户外，无论是漫步林间、静坐冥想，还是园艺骑行，皆能净化心灵，强化当下意识，让生活更加美好。

⊙ 面临的挑战与应对策略

培养当下意识并非一蹴而就，过程中可能会遇到各种挑战，如思绪难以集中、练习初期效果不明显等。面对这些挑战，关键在于保持耐心和持续的努力。

设定合理的期望值：不要期望立即看到显著变化，而是将每次练习视为一次小小的进步。

建立支持系统：与朋友、家人或加入正念社群分享经验，相互鼓励，共同进步。

灵活调整练习：如果发现某种方法不适合自己，不妨尝试其他方式，如瑜伽、绘画或写作，找到最适合自己的当下意识培养路径。

识别、接纳与表达情绪

情绪，作为社交恐惧的深层根源，犹如我们内心世界那支多彩的画笔，无时无刻地在勾勒着我们生活的斑斓画卷。然而，一旦我们失去了对这些情绪的清晰辨识、坦然接纳与恰当表达的能力，就如同在心田上悄然播撒下了社交恐惧的种子。

⊙ 识别情绪是一切的起点

情绪种类繁多，从喜悦、愤怒、悲伤到恐惧、惊讶等等，每一种都有着独特的表现和内在体验。但很多时候，我们常常被情绪的复杂性所困扰，难以准确分辨自己当下所经历的具体情绪。比如，有时我们可能感到一种莫名的不安，但却无法确定这是源于焦虑、紧张还是恐惧。

晓妍常常在某些瞬间，被一种莫名的不安所笼罩。那是一种难以言喻的感觉，仿佛心头被一层朦胧的纱巾轻轻蒙住。

有一天，她走在熙熙攘攘的街头。周围的人们匆匆忙忙，车辆川流不息，嘈杂的声音充斥在空气中。突然，那种熟悉的不安感毫无预兆地袭来。她的心跳似乎加快了一拍，呼吸也变得有些急促。但她却无法确切地说清楚，这究竟是源于焦虑、紧张还是恐惧。

又一次，晓妍面临一场重要的考试。坐在考场里，看着试卷上密密麻麻的题目，那股莫名的不安再次涌现。她的手不自觉地握紧了笔，脑子里一片混乱。她试图让自己冷静下来，告诉自己这只是一场考试，没什么大不了。可那种不安的感觉依然在心底弥漫，她分不清这到底是对考试结果的焦虑，还是紧张于当下的答题状态，抑或是对失败的恐惧。

还有一回，晓妍应邀参加一个朋友的聚会。当她踏入那个充满欢声笑语的房间时，不安的情绪瞬间将她包围。朋友们热情地与她打招呼，可她却感到有些不知所措。她努力微笑着回应，内心却在疑惑，这挥之不去的不安，是因为对融入群体的焦虑？是身处陌生环境的紧张？还是害怕被忽视和冷落的恐惧？

对于晓研的遭遇，你是否也曾有过呢？

要想破除这种状态，我们要做的便是正确地识别情绪。

⊙ 如何识别情绪？

精准识别情绪，需培养敏锐的自我觉察力。这要求我们在情绪涌现之际，即刻留意身体反应、内心思绪及外界环境。

首先，身体是情绪的"晴雨表"。愤怒时心跳飙升、拳头紧握；焦虑时胃部不适、呼吸紧促；悲伤则胸口压抑、喉咙紧锁。这些微妙变化，皆是情绪的直观反映。

其次，思维模式亦不可忽视。消极自评、过度担忧或负面循环，往往是情绪作祟。如"我事事皆败"，便是自我怀疑与沮丧的写照。

最后，行为变化亦显情绪端倪。兴奋时手舞足蹈、滔滔不绝；恐惧时则退缩回避。观察行为，亦能洞察情绪真相。

⊙ 接纳情绪，接纳自己

接纳情绪，这是一项更为深刻且充满挑战的任务。我们常本能地抗拒负面情绪，企图将之驱逐或压抑，视其为"不速之客"。然而，无论情绪是积极还是消极，它们都是内心世界的真实写照，值得被全然接纳。

以焦虑为例，当这股情绪悄然袭来，我们不宜即刻自责"我不该如此焦虑"，而应深刻理解，这是身心在应对压力时的本能反应。恰如学生在重大考试前的焦虑，唯有先拥抱这份情绪，方能更加从容地应对考试的重压。

⊙ 正确的表达情绪

如果把情绪比作水流，那么恰当的表达就是确保水流顺畅流动的渠道。否则，积压的情绪可能会如洪水般决堤，对我们的身心健康造成损害。

然而，正确表达情绪并非易事。有时我们可能会过度表达，导致情绪的宣泄失去控制；有时又可能表达不足，让

> 在社会文化背景的影响下，我们可能会受到一些观念的束缚，比如"男儿有泪不轻弹"，从而阻碍了情绪的正常表达。但实际上，无论是男性还是女性，都应该被赋予平等表达情绪的权利。

他人无法理解我们的真实感受。例如，在与家人发生冲突时，如果愤怒地大声吼叫，可能会加剧矛盾；但如果选择沉默不语，又可能让误会加深。

为了更好地表达情绪，我们需要学会用清晰、恰当的语言描述自己的感受。比如，不说"我很生气"，而是说"你的行为让我感到非常失望和愤怒，因为我期待的是……"这种具体的表达能够让他人更准确地理解我们的

内心。

总之，识别、接纳与表达情绪是一个相互关联、持续发展的过程。是社恐自助疗法的一种方式。通过不断的练习和反思，我们能够更加敏锐地感知情绪的细微变化，坦然地接纳各种感受，从而以恰当的方式表达出来。这不仅有助于提升我们的心理健康和人际关系，更是让我们远离社恐的重要一步。

建立积极的自我形象与自尊

构筑正面的自我形象与自尊，如同为心灵的探索之旅点亮一盏不灭的灯塔，其核心价值不言而喻。它们不仅深刻地雕琢着我们的日常抉择与行动路径，还从根本上界定着我们内心的愉悦感与充实度。

正面的自我形象，是一种基于全面而深入自我认知的积极评价，绝非浅薄的自我抬高，而是源自对真实自我深刻洞察后的全然拥抱。无论是从外在特征中捕捉到的独特韵味，如眼神里闪烁的温暖光芒，还是微笑时嘴角勾勒的那份温柔魅力，抑或是内在品质如诚实、善良、勇敢与坚韧的展现，都是构筑这一形象不可或缺的要素。

一个自尊感强的人，内心深信自己值得被尊重与爱护，对自己的能力与价值持有坚定不移的信赖。然而，培育一份健康的自尊并非一朝一夕之功，它需要在生活的每一个瞬间细心呵护与逐步积累。

◉ **如何建立积极的自我形象**

为了塑造一个正面的自我形象，首要之务在于学会以客观的眼光审视自我。这要求我们既要充分认识到自身的优势与强项，如小王般，在职场上屡获赞誉，展现出卓越的才能；也要勇于直面并接纳自身的不足与短板，比如他深知自己在沟通协作领域尚待提升。这种平衡而全面的自我认知，使他既能保持谦逊之心，不因成就而自满，亦能避免因缺陷而自我贬低。

此外，持续设定并达成合理目标，是巩固积极自我形象的有效途径。每当我们通过不懈努力，逐一实现既定目标时，那份由衷的成就感便如同甘霖，滋养着我们的自信心与自我肯定，进而为自我形象的积极构建添砖加瓦。

比如我有一位认识多年的朋友，之前一直吵着要参加马拉松，去年，在郑开马拉松活动中，他终于鼓起勇气报了名。然后进行了很长一段时间的训练，每天早上6点起床去跑步5公里。

终于，在活动中，他坚持跑完了全程。虽然没有拿到很好的名次，但是他完成了多年的愿望，感受到了身体的超越，更重要的是内心对自己的认同和赞许。

⊙ **关注外界评价，正确看待自己**

从社会文化的角度来看，社会文化评价多样，如何塑造积极自我形象与自尊？关键在于学会筛选外界声音，不被不合理批评左右。如苗条标准不应贬低丰满者价值，我们应坚信自身独特魅力。

积极心态是必备良方。面对挫折，如小张考试失利却视其为成长契机，积极改进，这种态度能增强自尊。同时，良好人际关系也至关重要，亲友间的真诚交流、鼓励尊重，让我们感受到自身重要性。

总之，建立积极自我形象与自尊需长期努力，涉及自我认知、目标设定、心态调整及人际交往。唯有内心强大积极，方能远离社交恐惧，拥抱自信人生。

设定合理的社交期望与目标

我们知道，有一些社恐者造成的原因是因为自己心中的社交期望与现实不符，比如有些人他起初特别喜欢交朋友，希望能够广识群贤，但在现实中总是遇到困难挫折，久而久之对社交产生了恐惧心理。相反，有些人本性格内向，起初并不想认识太多的朋友，但在社交的过程中认识了太多的朋友，造成了一定的心理负担，形成了社交压力，从而变得社恐。

对此，不管是社恐者，还是徘徊在社恐边缘的人群，我们需要重新制定社交的期望与目标，以此逃离社恐状态。

⊙ 自我认知与定位

一方面，深刻洞察自身的性格特质与社交偏好，明确自己是内向还是外向，以及在与他人互动时的自然倾向。外向者往往活力四射，乐于成为社交舞台的中心，擅长轻松跨越陌生人的界限；而内向者则偏好从独处中汲取力量，他们倾向于深度、一对一的交流，重视内心的声音与反思。认识这些倾向，有助于我们更好地理解在人际关系中的定位与需求。例如，有些人天生擅长倾听与扶持，成为朋友间的心灵支柱；而另一些人则擅长引领话题，掌控交流的航向。这种自我认知，从心理学角度而言，能指引我们找到更适合的职业道路与生活方式。

接下来，审视并评估个人的社交需求，明确在社交互动中寻求的究竟是什么，无论是情感慰藉、知识交流，还是娱乐休闲。明确需求，犹如为社交之旅设定罗盘，尤其对社交恐惧者而言，从兴趣出发，循序渐进，方为最佳路径。

另一方面，界定个人界限，划分社交中的舒适区与不适区，学会守护自己的时间与精力。舒适区，乃是在社交场合中让我们感到自在、愉悦的领域，如与挚友的深入对话，参与热爱的活动，或在小型聚会中展现真我。而不适区，则是那些触发焦虑、紧张的社交情境。对于社恐者，尤为重要的是，在社交活动中有所选择，避免过度消耗，设定清晰的界限，合理规划社交时间，确保能量与时间的有效利用。

⊙ 设定合理的社交期望

首先，在于确保期望与现实之间保持和谐一致。我们应避免设定不切实际的高期望或低标准，而应依据个人的实际情况及所处的社交环境来合理规划。

其次，我们应追求积极健康的社交关系，但需谨防过度追求完美或过度依赖他人。过度追求完美与过度依赖，往往是社交恐惧的温床。在自我认知清晰的基础上，我们需要找到适合自己的平衡点，既不失去对美好关系的向往，也不过度苛求或依赖。

最后，尊重人与人之间的差异性至关重要。我们应理解并接纳每个人在性格、价值观与兴趣上的差异，不应强求他人符合自己的标准。毕竟，世界之大，无奇不有，每个人都是独一无二的，存在着各自的瑕疵与美好。因此，在设定社交期望时，我们应怀有一颗宽容之心，不必过于苛责。

⊙ 制定具体的社交目标

对于不同的社恐者，我们需根据自身的情况制定适合于自己的社交目标，这个目标不宜过大，也不能太小，主要涉及以下几个方面：

第一，数量与质量。设定一定数量的新朋友目标，同时注重与现有朋友的深度交往。

第二，社交技能。制定具体的技能提升计划，如提高倾听能力、表达能力或解决冲突的能力。

第三，社交活动。积极参加各类社交活动，如聚会、兴趣小组或志愿者活动，以扩大社交圈子。

⊙ 实施与调整

在社交目标的蓝图已定的基础上，接下来便是将其付诸实践的环节。实践中如遇阻碍，需灵活微调，确保目标始终与个人需求相契合。

首要步骤，是将社交目标细化为一系列具体且可行的行动方案，并为之规划清晰的时间框架。这有助于我们有条不紊地推进，确保每一步都踏实而有力。

继而，在实践的征途中，需时刻关注实际情况与外界反馈，据此对目标进行适时调整，保持其灵活性与可实践性。唯有如此，我们才能在变化莫测的社交环境中游刃有余，不断逼近目标。

最终，定期审视自己的社交历程与目标实现状况，提炼经验教训，再次校准方向。这一环节至关重要，它让我们在前进的道路上不断自我提升，确保每一步都走得更加坚实。

通过精心设定并实践合理的社交期望与目标，我们能够构筑起一个更加健康、积极且充满意义的社交世界。这不仅为社交恐惧者点亮了走出阴霾的明灯，也为社交高手提供了进一步提升的阶梯。

小测试

1. 当你感到焦虑或紧张时,你会怎么做?

A. 尽量避免思考,通过其他方式转移注意力。

B. 尝试进行深呼吸、冥想或运动等放松技巧来缓解情绪。

C. 与朋友或家人倾诉,寻求他们的支持和建议。

D. 不知道该怎么做,让时间去修复。

2. 当你遇到挫折或失败时,你的第一反应是什么?

A. 感到沮丧,认为自己永远做不好这件事。

B. 分析失败的原因,从中吸取教训,并计划下一次做得更好。

C. 寻求他人的帮助和建议,看看他们是否有更好的方法。

D. 逃避问题,不去想它,或通过其他方式发泄情绪。

3. 你是否经常进行自我反思自己的情绪?

A. 很少进行自我反思,通常按直觉行事。

B. 有时会反思,但通常是在遇到问题时才会这么做。

C. 经常进行自我反思,思考如何改进自己的行为和情绪管理。

D. 几乎从不。

4. 当你感到孤独时,你会怎么做?

A. 独自承受,觉得这很正常。

B. 主动邀请朋友或家人共度时光,或者参加社交活动。

C. 通过社交媒体或在线社区与他人交流,寻求陪伴和支持。

D. 感到无助和绝望,不知道该如何缓解孤独感。

5. 你是否能够设定并实现个人目标,即使面临困难也不放弃?

A. 很少设定目标,即使设定了也很难坚持下去。

B. 有时会设定目标，但遇到困难时容易放弃。

C. 是的，即使面临挑战也会寻找解决问题的方法。

D. 几乎从不设定目标，认为生活就是随波逐流。

测试结果分析：

如果你在大部分问题中选择了 A 或 D 选项，可能表明你的心理自助能力相对较弱，需要提高自我调整和恢复的能力。

如果你在大部分问题中选择了 B 或 C 选项，说明你已经具备了一定的心理自助能力，能够在面对心理问题时采取积极的行动来应对。

说明：

这个测试只是一个简单的评估工具，如果你发现自己在某些方面存在困难，不妨寻求专业心理咨询师的帮助，以获得更具体的指导和支持。

第六章

与人连接
——沟通技巧与人际关系建立

社恐者掌握沟通技巧，如同为心灵之窗装上明亮的玻璃，让人际关系的阳光照进内心。

倾听是有效沟通的基础

在社交恐惧症患者的群体中，有那么一部分人，其沉默的缘由深植于言语表达的欠缺，或是因长久以来的社交障碍，导致他们逐渐忘却了如何流畅对话。而要想让自己的话语掷地有声，赢得他人的倾听与尊重，首要且关键的一步，便是掌握倾听的智慧。

⊙ **认真倾听是一种尊重**

当我们将全部的注意力倾注于倾听他人之时，我们给予对方的，绝非仅仅是浮于表面的关注，而是源自内心深处的一份崇高尊重。这份尊重，就像那穿透云层、洒满大地的温暖阳光，不仅能够照亮交流的空间，更能营造出一种让人倍感安心、信赖满溢的对话氛围。

在紧张且充满挑战的商务谈判场合，一旦一方能够全心全意地倾听另一方的诉求与关切，这种倾听便如同一股无形的力量，让对方深切地感受到被珍视与被理解的温暖。这股力量，仿佛搭建起了一座稳固的桥梁，极大地拉近了双方的心理距离，促使对方更加乐于卸下防备，以开放而真诚的心态，展开深入而有效的沟通与协商。每一个细致入微的面部表情，每一次轻轻的颔首，都是对对方话语内容的深刻共鸣与积极反馈，确保了沟通之河的顺畅流淌，直至达成彼此满意的共识。

⊙ **倾听是为了更好地了解对方**

倾听，绝非仅仅是对耳畔声音的简单捕捉，它是一场深入骨髓、以心交心的灵魂对话，要求我们细致入微地感受对方言辞中的每一个字句的重量、每一种情绪的微妙起伏，以及那些潜藏在言语之下的微妙信息。真正的倾听，是勇敢地放下个人的偏见与固有的认知框架，用一颗开放而纯净的心，全然地拥抱对方的观点与情感体验，与之共鸣。

倾听，宛如一把神秘的钥匙，能够开启他人心灵的宝藏之门。每个人都是一颗独一无二的星辰，拥有各自独特的人生轨迹、价值观念和情感宇宙。当我们以耐心与专注去倾听时，就仿佛手握一张通往未知世界的导航图，能够穿越重重迷雾，深入探索那些充满神秘与魅力的内心世界。例如，一位卓越的心理咨询师，在面对来访者时，会如同一位虔诚的倾听者，耐心地倾听他们的每一声倾诉，用心感受他们内心深处的伤痛与难以言说的困惑。正是这份深邃而细腻的倾听，使得咨询师能够精准地把握来访者的心理状态，提供更为贴心、有效且富有针对性的帮助与指导。

同时，倾听在预防误解与冲突中扮演着至关重要的角色。在日常生活中，如果我们一味地急于表达自己的观点，而忽视了对方正在传达的信息，那么误解与争执就如同暗礁般潜伏，随时可能引发情感的波澜。然而，如果我们能够静下心来，全神贯注地倾听对方的心声与情感，就能如同一位智慧的航海家，准确地把握对方的真实意图与情感需求，从而作出恰当、合理且充满善意的回应。想象一下，在一次家庭聚会上，当某位成员倾诉着自己的职场烦恼时，如果其他成员能够耐心地倾听而非急于插话，那么这份理解与尊重将如同温暖的阳光般洒满整个家庭，让家庭氛围更加和谐而温馨，如同春日的花园般生机勃勃。

⊙ 倾听，是为了更好的表达

倾听，其精髓远不止于促进精准表达，它更是一场心灵的深度对话，是智慧与情感的交融碰撞。在那些真正擅长倾听的智者心中，倾听是一盏明灯，照亮了他们穿越声音迷雾的道路，使他们能在纷扰复杂的信息洪流中，如同精准的航海家，捕捉到那些决定沟通走向的关键信号，进而在交流的天平上稳稳占据优势，犹如寻宝者在无尽的沙海中，慧眼识珠，发现隐藏的宝藏。

对于社交恐惧症患者来说，倾听不仅是学习如何更好地表达自己的前提，更是一场自我成长与蜕变的旅程。他们应当从那些优秀倾听者的实践中汲取营养，学会在对方的话语中捕捉微妙的信息线索，进行深度加工与整合，为自己的言语表达搭建起坚实的桥梁。这一过程，不仅能够帮助他们克服社交恐惧，更能在无形中提升他们的情商与人际交往能力。

从心理学的深层剖析，倾听是一种深层次的情感共鸣与心理连接。当我们真诚地倾听他人时，我们实际上是在用心灵去触碰对方，满足他们内心深处对于被理解、被尊重的渴望。这种共鸣，能够激发出一种强烈的情感纽带，加深彼此间的亲密度与认同感，使人际关系更加稳固与和谐。同时，倾听也是一种自我修炼的过程，它能够帮助我们更好地管理情绪，保持冷静与理智，在复杂的人际环境中游刃有余。

更重要的是，倾听是一种智慧的积累与传承。一个懂得倾听的人，能够从他人的言语中汲取宝贵的智慧与经验，不断丰富自己的认知体系，拓宽视野与格局。这种智慧的积累，不仅能够提升个人的综合素质，更能在关键时刻为我们提供指引与启示，使我们在人生的道路上走得更远、更稳。

因此，倾听不仅是与他人建立深厚连接、实现更好表达的基础，更是社交恐惧症患者必须精心研习、不断修炼的重要技能。它如同一把开启心灵之门的钥匙，引领我们步入更加宽广、更加美好的社交世界，让我们在人际交往的舞台上更加自信、从容地展现自我。

清晰、自信地传达想法

倾听旨在促进精准表达，那么社恐者如何在倾听后，自信清晰地传达想法呢？

对社恐者而言，清晰表达实为挑战，紧张与不安常致思维混沌，语言零乱。但经持续练习与自我超越，定能改善。

⊙ **准备好你所表达的内容**

在充分理解对方的意思后，表达之前务必充分准备，比如积累相关知识，确保胸有成竹、条理清晰，方能言之有序。

此外，提升语言组织能力同样关键，需灵活运用恰当词汇、合理句型及清晰逻辑来阐述己见。通过阅读优秀作品，借鉴他人的表达方式与逻辑架构，不断精进自我。比如，深入剖析逻辑严密的论述文，学习其段落衔接与论点支撑，然后加以模仿练习。

对于社交恐惧者而言，清晰表达或许难以一蹴而就，因此需勤奋练习。可以事先构思并准备好要说的话，通过书面记录或内心预演，提高表达的熟练与流畅。亦可以从与亲近之人交流开始，逐步练习如何精确表达观点与感受，逐渐培养出清晰表达的能力。

⊙ 建立足够的自信

对于社交恐惧症的患者来说，自信地表达自己的想法无疑是一座难以逾越的大山。由于缺乏自信，他们在说话时常会声音微弱、眼神闪烁，难以完全展现个人的真实情感和独特魅力。然而，当社交恐惧症患者鼓起勇气，迈出勇敢的第一步，尝试坚定地注视对方的眼睛，用稳定而有力的声音表达自己的想法时，他们会惊讶地发现，自信其实是可以一点一滴积累起来的。

拥有自信的心态，是清晰、有力表达自我的核心所在。我们需要坚定地相信，自己的观点是独特且有价值的，要克服内心的自我怀疑，不要过分在意他人的看法。在每次表达之前，不妨给自己一些积极的心理暗示，比如"我已经做好了充分的准备，我的想法一定会受到重视"。就像那位曾经内向的员工一样，他在每次发言前都会感到极度的紧张和恐惧，但通过不断的自我鼓励与肯定，他逐渐克服了内心的障碍，能够自信地在团队中发表自己的观点，展现自己的风采。

⊙ 有节奏有条理的表达胜于雄辩

发音的清晰与语速的适中，在沟通中扮演着举足轻重的角色，它们犹如解锁理解之门的钥匙，至关重要。在言谈间，确保字音准确、避免含糊，是交流的基本准则。这种清晰发音的力量，能够确保每个词汇都精准无误地抵达听众耳畔，避免歧义与误解的滋生。譬如，在商务谈判的场合，发音清晰的陈述者能迅速让对方捕捉核心信息，有效规避因发音模糊而引发的信息失真。

同时，语速的调控同样不可或缺。语速过快，如疾风骤雨，听众难以跟上节奏，信息的接收效率自然大打折扣。好比一位讲师在课堂上语速疾驰，学生们只能茫然以对，难以消化所授内容。反之，语速过慢，则如同蜗牛爬行，令人心生厌倦，注意力逐渐涣散。试想，聆听一场冗长且缓慢的演讲，听众恐怕早已神游天外。

为了精进发音与语速，朗诵练习不失为一种极佳途径。经典散文与诗歌，以其独特的语言韵味与节奏美感，成为朗诵的理想之选。譬如，朗诵徐志摩的《再别康桥》，那优美的词句与悠扬的节奏，能引导人学会如何依据情感与意境，灵活调整语速与语调，使发音愈发清晰而流畅。

此外，选取那些情感丰富、情节跌宕的散文，如朱自清的《背影》，通过朗诵，体会如何在描绘不同场景与情感时，巧妙地控制语速与音量，以增强表达的感染力与共鸣力。

⊙ **用好你的肢体语言**

非言语的沟通方式——肢体语言的优雅展现与眼神的深情互动，是强化信息传递效力的秘密武器。维持一个挺拔的身姿，让脊梁成为自信的脊梁，同时，用眼神搭建起与听众之间真诚与信任的桥梁。设想一位演讲大师，在台上以深邃而有力的目光扫视每一位听众，配以恰到好处的手势，这样的场景无疑能牢牢锁定听众的注意力，让自己的观点如磁石般吸引人心，更具震撼力。

面对社交恐惧症的朋友，这些要求或许显得尤为不易。但请相信，只要我们坚持不懈地磨砺自己，勇于在每一次实践中学习与成长，终将能够跨越内心的障碍，让表达能力跃上新台阶，让沟通成为展现自信与风采的舞台。

建立与深度维持人际关系的技巧

在人际交往的广阔天地里，精通构建并深度维系人际关系的艺术，就如同手握一把能打开心灵共鸣之门的璀璨钥匙，其珍贵程度难以言表。特别是对于社交恐惧症患者而言，这更是通往成长与强大的关键技能。

⊙ 懂得尊重与包容

在人际交往的广阔舞台上，尊重个体差异无疑是构筑深厚情谊的坚实基石。在这个多元而繁复的世界中，每个人都是一颗独一无二的星辰，闪耀着各自独特的性格光辉、秉持着各异的见解与生活方式。真正的亲密与和谐，并非源于对他人的一致化要求，而是植根于对个体独特性的深刻理解与接纳之上。我们应当以一颗开放的心，去拥抱他人的不同，不将自己的意愿或标准强加于人，这样的尊重，不仅彰显了对个体独立性的珍视，更是对人性多样性的深刻洞察与敬畏。

包容，作为尊重的自然延伸，它呼唤我们在面对差异时，不仅要接纳，更要学会欣赏。每个人的价值观、生活方式乃至兴趣爱好，都是其生命历程的独特印记，值得我们以敬畏之心去理解和尊重。我们应摒弃自我中心，避免用单一的标尺去衡量所有人，而是要学会换位思考，尝试步入他人的心灵世界，去感知他们的所思所想。唯有如此，我们才能在差异中发现共鸣，在包容中促进关系的深化与升华，让情谊在理解与尊重中绽放光彩。

⊙ 守住诚信与责任

在人际交往的复杂网络中，诚信如同一盏明灯，照亮心灵之路，是维系关系的无价之宝。它要求我们言行一致，确保承诺必达，这不仅是对自我原则的坚持，也是对他人信任的尊重，驱散了虚伪的阴霾。

诚信的土壤中，责任感生根发芽。我们需勇于承担后果，更要意识到言行对他人的深远影响。这份责任感，是构建信任的基石，促使我们坦诚面对挑战，铭记义务，不逃避推诿。

在人际交往的舞台上，诚信与责任感共同铸就了信任的丰碑。它们让我们在享受权利的同时，不忘肩负的责任，使关系在真诚与责任的浇灌下，绽放出持久而璀璨的光芒。诚信与责任感，如同人际交往的双翼，让我们在广阔天地中自由翱翔，构建起坚不可摧的信任桥梁。

⊙ 保持定期的交流

借助电话、短信、社交媒体等多种通信工具，我们能够跨越时空的界限，与亲朋好友维持着紧密的纽带。无论是分享生活中的细微趣事，还是交流工作与学习的最新进展，这些点滴的分享都是情感交流的珍贵媒介。

它们宛如涓涓细流，悄无声息地滋养着人与人之间的情感纽带，使彼此的心灵在不经意间更加贴近。通过这些方式，我们不仅能迅速掌握对方的近况，更能深切感受到对方的关怀与支持，从而在心底播撒下更多的温暖与信任。这样的联系，就像春日细雨，悄无声息地滋养着原本可能因距离而略显生疏的关系，使之变得更加牢固而深厚，成为我们人生旅途中不可或缺的精神支撑。

⊙ **善于提供必要的帮助与支持**

面对他人的困境与求助，我们应即刻行动，用切实的帮助和深切的关怀去温暖他们的心房。这样的援手之举，不仅像一股暖流，传递着力量与希望，更在无形中加深了双方心灵的契合与信赖。

它仿佛一座稳固的桥梁，将两颗心紧紧相连，让我们在共同应对挑战的过程中，体验到前所未有的紧密与依靠。互助，不仅是对眼前难关的即时解救，更是深化情谊、稳固关系的长远策略。它让我们在人生的旅途中，相互成为对方最坚实的依靠，共同编织着友谊与信任的绚丽篇章。

选择合适的朋友与导师

在人际关系的广阔天地间，社交恐惧症患者寻觅合适的朋友与导师，就像在茫茫大海中追寻那座为迷航者指引方向的明亮灯塔，这不仅是一项挑战重重的探索任务，更是一次意义非凡的人生旅程。

他们常常在人际交往的复杂网络中徘徊不定，内心深处虽怀有与他人建立深厚联系的渴望，但却又因惧怕遭受拒绝、误解或负面评价，而深深陷入焦虑与不安的泥潭，难以迈出勇敢的一步。因此，能够找到那些真正理解他们、愿意倾听他们、并能给予他们指引与支持的朋友和导师，对他们来说，无疑是至关重要且无比珍贵的。

⊙ 合适的朋友能够给予理解与包容

对于社交恐惧症患者而言,合适的朋友犹如一剂温润如初春的良药,能够深深抚平他们内心的孤独与不安。这样的朋友,具备一种难能可贵的品质——那就是深刻的理解与无尽的包容。他们不仅愿意耐心倾听那些常常被社恐者隐藏在沉默深渊中的心声,更能在每一个细微之处,展现出令人动容的耐心与同理心。

在社交场合的喧嚣中,当社恐者因内心的紧张与不安而选择默默蜷缩在角落,尽量避开成为众人目光的焦点时,一个真正契合的朋友,绝不会对此视而不见,更不会流露出丝毫的不耐烦与冷漠。他们会用温暖的目光和贴心的举动,给予社恐者最坚实的支持与鼓励。

举个例子,小李是一位典型的社恐者,在一次公司聚会上,他因为害怕与人交流而选择了角落的位置,试图将自己隐藏起来。然而,他的好友小张却敏锐地察觉到了小李的异样。小张没有直接上前打扰,而是等气氛稍微轻松一些后,带着温暖的笑容,缓缓走到小李身边,轻轻地拍了拍他的肩膀,用只有两人才能听到的声音说:"嘿,小李,我知道这种场合对你来说有点难,但你在这里并不孤单,有我在呢。"

这简单的一句话,如同冬日里的一缕阳光,瞬间温暖了小李的心房,让他感受到了被深深理解和接纳的安全感。

这样的朋友,他们不会强迫社恐者去改变,而是用自己的方式,默默地守护着他们,给予他们足够的空间和时间,去适应、去成长。在社恐者最需要的时候,他们总是能够及时出现,用最简单却最真挚的方式,传递着友谊的力量,让社恐者在人际交往的道路上,不再孤单。

⊙ 优秀的导师是社恐者的明灯

一位杰出的社恐导师,就如同在茫茫黑夜中点亮的一盏璀璨明灯,不仅照亮了他们前行的道路,更温暖了他们孤寂的心灵。这样的导师,不仅拥有着丰富的人生阅历和深邃的智慧积淀，更具备一种难能可贵的品质——那就是以一颗细腻敏感的心，去深入洞察社恐者内心世界的挣扎与渴望。

例如，小林是一位典型的社恐者，在大学期间，他因为害怕与人交流，总是选择独来独往，错过了许多展示自我、结交朋友的机会。幸运的是，他遇到了一位极其优秀的导师——李老师。李老师并没有直接指出小林的社交问题，而是通过一次偶然的交谈，分享了自己年轻时也曾面临过类似的挑战。他告诉小林，自己也曾因为害怕人群、担心被嘲笑而倍感挣扎，但通过不断的尝试与努力，最终找到了属于自己的社交节奏和方式。

李老师的亲身经历，如同一股清泉，滋润了小林干涸的心田。他开始意识到，原来每个人在成长的道路上都会遇到挑战，关键在于如何面对和克服。在李老师的鼓励和启发下，小林逐渐学会了正视自己的恐惧，勇敢地迈出了一步又一步。他开始尝试参与小组讨论，主动与同学交流，甚至在一次学术会议上，鼓起勇气发表了自己的观点。这些看似微不足道的改变，却让小林深刻感受到了自己的价值和潜力，也让他更加坚信，只要有勇气去尝试，没有什么是不可能的。

一位优秀的导师，就是这样，用他们的智慧和经历，为社恐者点亮了一盏明灯，让他们在黑暗中找到了方向，也找到了自己。

总之，对于社恐者而言，选择合适的朋友与导师是一场充满艰辛但充满希望的旅程。只要他们勇敢迈出第一步，积极寻找，相信终能在人生的道路上找到那些给予他们力量和温暖的伙伴。

家庭角色的转变，从保护到鼓励

在社交恐惧症患者的心里，家庭是温暖的避风港，给予他们最深的慰藉。但要引领他们走出恐惧迷雾，家庭成员需经历转变。长久以来，家庭被视为社恐者的"安全区"，家人们无微不至地保护，试图隔绝外界压力。这种保护虽带来一时安宁，却无形中限制了他们的探索与成长。社恐者可能因此习惯于逃避，错过学习社交、建立人际关系的机会。家庭成员的角色转变，对于帮助他们勇敢面对外界、拥抱成长至关重要。

⊙ "保护"向"鼓励"转变

随着时代的演进，观念的迭代已是大势所趋。家庭对社交恐惧症患者所提供的援助，亟须从一味呵护转变为积极鼓舞与悉心引领。这种鼓舞，并非仅仅停留于口头上的鼓舞人心，而是要转化为实实在在的行动扶持，成为他们敢于迈出勇敢步伐的坚固基石。

小王，这位曾经在人前羞涩寡言的孩子，当他鼓起勇气向双亲吐露想要涉足学校兴趣小组的意愿时，迎接他的并非忧虑重重的劝阻，而是父母全力的支持与陪伴。他们不仅与小王共同商讨选择何种兴趣小组，更是耐心细致地陪他进行社交模拟练习，每一个细节都渗透着信任与激励。在父母那温暖而充满力量的注视下，小王内心涌动着前所未有的勇气与决心，终于勇敢地迈出了尝试的第一步，踏入了自己梦寐以求的社交新天地，开启了人生的新篇章。

⊙ 家庭成员互动模式需调整

家庭成员间的互动模式亟须革新，特别是兄弟姐妹间的相处之道更需调整。他们应当摒弃以往单一的"保护者"角色，转而以平等、尊重的崭新姿态，成为社恐者成长道路上的引导者与亲密伙伴。

举例来说，当弟弟面对邻居时心生胆怯，不敢主动打招呼，这时姐姐便可以挺身而出，以自身为榜样。她用那轻松愉快、充满感染力的语气与邻居亲切交谈，示范如何轻松自然地开启对话。随后，姐姐会温柔地鼓励弟弟，从一句简单的问候开始，逐步消除他内心的恐惧与不安。正是在这样一次次的小小尝试与实践中，弟弟逐渐建立起与人交往的信心，学会了如何在社交场合中游刃有余。

⊙ **认真倾听社恐者的内心，给予鼓励**

家庭成员需学会倾听社交恐惧症患者的内心声音。面对他们的害怕与担忧，家人应展现充分的理解与共鸣，而非急于否定。小李的故事便是明证：每当社交难题困扰他时，家人的耐心陪伴与倾听，让他深感家是永远的避风港。这种无条件的接纳，为小李提供了强大心理支持，助他逐渐克服恐惧。

从过度保护到积极鼓励，家庭成员的角色转变，不仅是教育理念的深刻变革，更是对社恐者成长的勇敢放手。这样的转变，如同钥匙，为社恐者打开新世界的大门，让他们在广阔天地中勇敢展现自我。

总之，家庭成员的正确转变，是社恐者融入社会的关键。通过鼓励、引导与倾听，家庭成为社恐者的精神支柱与行动助力，助力他们跨越恐惧，迈向更美好的未来。这不仅是对家庭的考验，更是对爱与支持的深刻诠释。

主动发起对话与维持对话的艺术

在人际交往的大舞台上，主动发起对话和维持对话就像是一场精彩的表演，充满了艺术和技巧，特别对于不善于社交的社恐者来说，更要掌握其中的一些技巧和要领。

⊙ **主动发起对话的艺术**

掌握对话主动权，在人际交往中至关重要，它决定交流的深度与广度。

精心设计的开场白,如同钥匙开启对话之门,为后续交流奠定基石。职场中,选用专业且礼貌的开场白,如:"李经理,您好!想与您核对项目细节,方便吗?"既表达意图,又显尊重。

对久别重逢的老友,温馨怀旧的话语能瞬间拉近距离:"嘿,老朋友!最近可好?"让对话轻松展开。

幽默感是聊天中的秘密武器,化解尴尬,增添趣味。一个有趣的开场白,展现个人魅力,吸引对方注意。

了解对方兴趣,基于共同点的开场白更易引发共鸣。如:"你也喜欢《×××》?我刚追完,太精彩了!"迅速找到共同话题,深化对话。

总之,开场白的选择与运用,是人际交往中的艺术,它关乎对话的流畅与深入,更体现了个人的智慧与魅力。

⊙ **维持对话的艺术**

维持一段流畅且富有意义的对话,是深化人际关系的桥梁,它超越言语,触及心灵与思想的共鸣。

积极倾听是对话的基础,全神贯注地聆听,用眼神、点头和适时反馈表达尊重,能让对方感受到被珍视。当朋友分享旅行经历时,不打断,通过倾听感受其情绪,营造温馨氛围。

共鸣与理解是拉近彼此的关键,真诚地表达共鸣,让对方知道其感受被认同。同事倾诉压力时,一句"我能体会你的不易",便足以拉近心与心的距离。

适时提问推动对话深入,巧妙问题不仅展现兴趣,还能引导对方分享更多。文学讨论中,一句"那本书中哪个情节最触动你?"便能开启深层次交流。

分享个人经历,增强互动性,但需避免独占话语权。与对方话题相关的经历分享,能增进亲近感。

总之,掌握发起与维持对话的艺术,让人际交往更加游刃有余,收获更多友情与美好。

小测试

倾听能力
A. 我总是能够全神贯注地倾听他人说话，不打断他们。
B. 我有时会在别人说话时分心或打断他们。
C. 我经常发现自己很难集中注意力听别人说话。

表达能力
A. 我能够清晰、准确地表达自己的想法和感受。
B. 有时我会因为紧张或焦虑而无法清楚表达。
C. 我经常发现自己的表达含糊不清，让人难以理解。

非语言沟通
A. 我善于运用眼神交流、肢体语言等非语言方式来增强沟通效果。
B. 我在非语言沟通方面做得一般，有时会忽略这些细节。
C. 我很少注意自己的非语言沟通方式，可能给人造成误解。

适应性沟通
A. 我能够根据对方的性格、文化背景等因素调整自己的沟通方式。
B. 我在某些情况下能够调整沟通方式，但在其他情况下则不太擅长。
C. 我通常保持固定的沟通方式，不太擅长适应不同的情况。

解决冲突
A. 我能够冷静地处理冲突，寻找双方都能接受的解决方案。
B. 我在处理冲突时有时会感到困惑或不知所措。
C. 我通常避免冲突，即使这可能导致问题得不到解决。

信任建立
A. 我能够很容易地与他人建立信任关系，因为他们觉得我是可靠的。

B. 我在建立信任方面做得一般，有时需要花费更多时间来赢得他人的信任。

C. 我很难与他人建立信任关系，因为我觉得自己不够自信或可靠。

合作能力

A. 我善于与他人合作，能够共同完成任务并分享成果。

B. 我在某些情况下能够与他人合作，但在其他情况下则不太擅长。

C. 我通常更喜欢独自完成任务，不太擅长与他人合作。

同理心

A. 我能够很好地理解他人的感受和需求，并尽力满足他们。

B. 我在理解他人感受方面做得一般，有时需要提醒自己更加关注他人的需求。

C. 我很难理解他人的感受和需求，通常只关注自己的利益。

社交技能

A. 我善于在社交场合中与人交往，能够轻松地与他人建立联系。

B. 我在社交方面做得一般，有时需要努力才能与他人建立联系。

C. 我通常避免社交场合，因为我觉得自己在这方面不太擅长。

解决人际关系问题

A. 我能够冷静地处理人际关系中的问题，并寻找合适的解决方案。

B. 我在处理人际关系问题时有时会感到困惑或不知所措。

C. 我通常避免处理人际关系问题，即使这可能导致关系恶化。

评估结果：

如果您在大部分选项中都选择了 A 选项，那么您在沟通技巧和人际关系建立方面做得很好。

如果您选择了较多的 B 选项，那么您在这些方面还有一定的提升空间。

如果您选择了较多的 C 选项，那么您可能需要更加努力地提升您的沟通技巧和人际关系建立能力。

说明：

这个测试只是一个简单的评估工具，如果你发现自己在某些方面存在困难，不妨寻求专业心理咨询师的帮助，以获得更具体的指导和支持。

第七章

特别场合
——职场与恋爱中的社恐应对

社恐者在特别场合,犹如孤舟入大海,但每一次的破浪都是成长的契机。

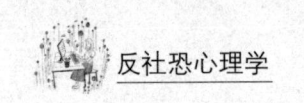

面试中的社恐应对

在竞争激烈的求职市场中，面试对于社恐者来说，宛如一场充满挑战的艰难战役。然而，只要采取恰当的策略和方法，社恐者同样能够在面试中展现出自己的优势和潜力。

⊙ 不打无准备之仗

对于深受社交焦虑困扰的求职者而言，面试前的精心筹备无疑是搭建自信大厦的稳固基石。面对即将踏上的征途，全面而深入地洞察应聘公司的背景、文化底蕴及业务范畴，显得尤为至关重要。这不仅能够帮助求职者全方位地把握公司的整体脉络，更能在面试过程中，自然流露出对公司的浓厚兴趣和深切认同，彰显出个人价值观与公司理念的和谐共鸣。

以一位深受社交焦虑影响的求职者为例，在即将面试一家业界知名的互联网企业之际，他进行了全面而深入的公司研究。从公司的发展历程、明星产品、市场竞争态势，到公司的企业文化与核心价值观，他都进行了细致入微的剖析。他努力将公司的愿景与使命内化于心，寻找自己与公司理念之间的契合点，以期在面试中能够更加自信从容地表达自己对公司的热爱与向往之情。

同时，对于社交焦虑者来说，提前模拟面试场景也是一项不可或缺的准备工作。他们可以与亲朋好友携手，共同进行模拟面试的练习，让对方扮演面试官的角色，提出诸如自我介绍、选择该职位的动机、个人的优势与不足等常见面试问题。求职者需要反复琢磨并优化自己的回答，不断提升表达的精准度与流畅性，直至达到炉火纯青的地步。

假设求职者正筹备应聘市场营销岗位，那么在模拟面试的过程中，他们便可以针对"请分享一次你亲身参与的、取得显著成效的营销案例"等典型问题，提前进行深思熟虑的回答构思，并在实践中不断进行调整和完善，以此提升自己的应变能力与自信心。

⊙ 练习放松技巧

在面对面试前的紧张情绪时，掌握并应用一系列放松技巧显得尤为重要。以下是一套逻辑清晰、易于实践的放松策略：

首先，构建放松的基础——学习与实践深呼吸及冥想技巧。这些技巧的核心在于调整呼吸，帮助身心达到放松状态。在面试前夕，选择一个静谧的环境，进行几次深呼吸练习，让心灵逐渐归于平静。通过专注于呼吸的节奏，你可以有效隔绝外界干扰，实现身心的深度放松。

其次，调整心态，以积极视角看待面试。将面试视为一次成长和自我展示的机会，而非一次决定性的考验。记住，面试是一个双向选择的过程，你不仅在接受评估，同时也在评估公司是否与你相匹配。因此，不必过分忧虑结果，而应专注于展现自己的最佳状态，让面试官看到你的潜力和价值。

最后，将上述放松技巧和积极心态融入面试前的准备中。通过反复的练习和调整，你将能够在面试中保持冷静、自信，从而更有可能赢得心仪的职位。

总之，通过学习和实践放松技巧，调整心态，你将能够更有效地应对面试前的紧张情绪，展现出最好的自己。

⊙ 保持真诚和谦虚

在面试过程中，展现真诚与谦虚的态度对于赢得面试官的青睐至关重要。对于社交焦虑者而言，认识到无须刻意模仿外向性格尤为重要，因为每种性格都有其独特魅力和价值。

关键在于真诚地展现自己的个性特征，包括在社交互动中可能遇到的挑战。这样的展示不仅能让面试官对你有一个全面的认识，还能体现你的自知之明和坦诚品质。与此同时，突出你在工作中的专注力、细致观察以及强烈的责任心，这些特质在许多职位中都是不可或缺的宝贵财富。

通过分享个人经历中如何克服社交难题，以及在工作中凭借专业技能和不懈努力取得成就的故事，你能向面试官呈现一个多维、真实的自我形象。

这样的表现不仅有助于建立信任关系，还能让面试官看到你的工作热情和对个人成长的不懈追求。记住，真诚与专业能力是你在面试中打动面试官的关键所在，它们如同两把金钥匙，能够开启通往成功的大门。

⊙ 身体语言的妙处

在面试场合中，有效利用身体语言能够传达出积极的信号，彰显自信与尊重。保持挺直的坐姿、进行恰当的眼神交流以及展现自然的微笑，即便内心可能紧张，也要尽量让双手保持自然，避免不必要的小动作。想象这样一个场景：在面试财务岗位时，一位社恐者通过坚定的眼神与面试官对视，以稳重的姿态展现出可靠的形象，这无疑会给对方留下深刻的好印象。

此外，在回答面试官的问题时，社恐者可以巧妙利用短暂的停顿来整理思绪，随后有条理地阐述自己的观点。这种不急不躁的回答方式，不仅能够展现出思考的深度和成熟度，还能让面试官感受到你的从容与自信。

综上所述，尽管面试对社恐者而言可能充满挑战，但它同样是一个成长与蜕变的契机。凭借坚定的信念和有效的应对策略，他们完全有能力在职场的舞台上交出令人瞩目的答卷。

演讲时的社恐应对

在演讲的舞台上，对于社恐者而言，每一刻都可能充满了紧张与不安。然而，只要掌握正确的方法和策略，社恐者同样能够克服内心的恐惧，成功地完成演讲。

⊙ 提前熟悉演讲内容

对于社交焦虑者来说，面对演讲挑战时，充分的前期准备是构建自信、缓解紧张情绪的首要策略。确保演讲内容逻辑严密、条理清晰的关键，在于深入研究演讲主题、广泛搜集资料，并精心构思演讲稿。

在撰写演讲稿的过程中，社恐者需兼顾内容的准确性和深度，同时注重表达的流畅性和吸引力。这意味着要投入更多时间打磨演讲稿，确保每个句子都能精准传达信息，每个段落都能自然过渡。此外，运用生动的语言、恰当的比喻、有力的举例或引人深思的引用，能够增强演讲的感染力，使内容更加引人入胜。

为了缓解紧张情绪并吸引听众的注意力，练习开场的前几句话尤为重要。一个精彩的开场白能够迅速抓住听众的心，为整个演讲定下积极的基调。社恐者可以准备一些有趣的故事、生动的场景或引人思考的问题作为开场，通过反复练习，逐渐适应站在众人面前的感觉，减轻紧张感，为接下来的演讲奠定坚实的基础。这样的准备不仅有助于提升演讲效果，还能让社恐者在演讲过程中更加自信从容。

我有一位社恐的学生，有一次对我说要进行一场关于环境保护的演讲，我说你确定可以？他说没有问题。

随后，他不仅查阅了大量的专业文献，还走访了相关专家，获取第一手资料，看到他准备得如此周全，我当时就相信虽然他有一些社恐，但他一定能够讲好。

果不其然，演讲当天，他发挥得特别好，演讲内容充实且有深度，获得了观众热烈的掌声和评委的一致好评。

同时，反复的练习是必不可少的准备环节。社恐者可以独自在安静的环境中多次演练，熟悉每一个段落的过渡，每一个重点的强调。假设一位社恐的职员要在公司年会上演讲，他在家中对着镜子不断练习，注意自己的表情、语速和手势，那么正式演讲时就容易达到自然流畅的效果。

⊙ 熟悉环境有助于缓解恐惧

记得我高考那一年，为了确保考试当天一切顺利，我会提前一天去熟悉考场、路线及周边环境，这样做的目的主要是为了减少未知带来的紧张感，让自己在正式考试时能够更加从容不迫。

同样地，对于社交恐惧症（社恐）者来说，面对即将进行的演讲，提前熟悉演讲场地也是一项非常有效的心理调适策略。他们可以在演讲前的某个时间段提前到达场地，利用这段时间细致地了解舞台的布局，包括演讲台的位置、话筒的调试方法，以及灯光的具体位置。这些看似微小的细节，实则能极大地缓解他们的紧张情绪。

此外，观察并熟悉观众的座位分布也是关键一步。了解观众席的大致布局可以帮助社恐者更好地预估演讲时的视线交流范围，从而让他们在面对众多听众时能够更加自信，让原本陌生的演讲环境逐渐变得亲切和熟悉，为即将到来的演讲做好充分的心理准备。

⊙ 专注内容而非观众的反应

在演讲中，专注于内容而非观众反应被视作减轻紧张、提升流畅度的有效心理调适法。对于社交恐惧症（社恐）患者，此方法尤为关键。当他们站在学术研讨会的讲台上，若能全身心投入研究成果分享，将观众视为"隐形"，便能在私密感中顺畅表达。

在这种心态下，社恐者能更聚焦于研究核心内容，清晰阐述观点，详细介绍实验，并深入探讨其意义。高度专注不仅助力表达流畅，还增强说服力，使听众深入理解研究成果。

总之，通过全神贯注于演讲内容，社恐者能显著降低对观众反应的敏感度，缓解紧张，提升演讲质量。尽管演讲对他们而言是挑战，但凭借恒心和策略，完全有能力克服，享受成就感。这一技巧不仅适用于学术演讲，也广泛适用于各类演讲场合，帮助演讲者克服紧张，展现最佳状态。

开会时的社恐应对

在各种工作场景中，开会是一项不可或缺的活动，然而对于社恐者来说，这往往是一个充满压力和挑战的时刻。但只要采取合适的方法和策略，社恐者也能够在会议中有效地参与和表达自己。

⊙ 会前充分准备

会前的精心准备是社恐者应对会议的重要基础。详细了解会议的主题和相关资料，对可能涉及的讨论内容进行深入思考，并准备好自己的观点和建议。

那是2024年春节刚过回到单位的第一天，突然被通知去开会，到会场后得知是探讨一个项目。参会者中有一位西北人，是这个项目的主要负责人，领导让他讲一下该项目的开展思路。他这个人平时不爱说话，性格内向，当时我就在想，这么突然的会议，他能讲好吗？

让我意外的是，他那天讲得非常好，思路清晰，逻辑严密，领导非常满意。后来我问他原因，他说春节假期这几天，他一直在研究这个项目，所以，节后第一天凑巧用到了。

同时，会前制定一个简单的发言提纲能够帮助社恐者在会议中更有条理地表达。提纲可以包括关键观点、支持的数据以及想要提出的问题等。假设在一次部门工作总结会议前，社恐者可以把自己的工作成果、遇到的问题以及改进措施都清晰地罗列在提纲中，以便在发言时能够准确而清晰地传达信息。

> 开会时应对社恐，需提前准备，明确发言点；会上勇敢开口，从小处着手；深呼吸放松，与同事眼神交流；专注会议，减少自我关注，逐步建立自信，克服恐惧。

⊙ **掌握好发言时机**

会议开始后，社恐者面临着如何在众人面前发言的挑战。此时，他们可以选择在适当的时机发言，以避免因紧张而影响表达。

会议初期，社恐者可以更多地扮演倾听者的角色，仔细聆听他人的观点和想法。这样做不仅能帮助他们更好地了解讨论的背景和核心议题，还能为他们整理自己的思路争取到宝贵的时间。

比如，在一场关于业务拓展方向的讨论会议中，社恐者可以先认真听取几位同事的意见，然后再结合自己的专业知识和实践经验，进行深入地思考和归纳。当讨论逐渐深入，他们感到自己有了比较成熟的想法时，再适时地提出独到的见解，为会议贡献自己的力量。

◉ **把控好发言时长**

发言时，保持简洁明了的风格，避免冗长和复杂的表述。专注于核心要点，用清晰直接的语言表达自己的想法。如果在一次成本控制的会议上，社恐者直接指出关键的成本增长点，并提出简洁可行的控制措施，能够有效地引起大家的关注。

◉ **重视他人观点**

在会议中积极倾听他人的发言，尊重他人的观点。可以通过点头、微笑等方式表达赞同和尊重。避免打断他人的发言，保持礼貌和谦逊的态度。

◉ **发挥好自己的身体语言**

在会议中，身体语言的运用同样不可忽视。保持端正坐姿，适度眼神交流，点头赞同或微笑示意，这些细微动作均能有效传达积极参与的态度。设想团队建设会议场景，即便社恐者发言不多，但通过专注的眼神与适时的微笑，也能让他人感受到其专注与投入。

从社会学角度审视，会议作为集体交流的平台，每位参与者都扮演着不可或缺的角色。社恐者往往具备细腻思考与谨慎态度，这种特质在特定情境下可能为讨论注入新视角与深度。因此，社恐者无需畏惧会议，而应勇于展现自我，积极参与其中。

谈客户时的社恐应对

在商业世界中，与客户进行交流和洽谈是至关重要的环节，但对于社恐者来说，这可能是一件非常困难的事情。只要找到合适的方式和策略，社恐者同样能够在与客户的沟通中取得良好的效果。

◉ **知己知彼百战百胜**

在与客户互动时，深入理解其需求、背景及行业信息是合作成功的基石。这不仅能让我们预见潜在挑战，还能定制出更为精确且实用的解决方案。例如，一位社交恐惧症的销售员在与对智能家居感兴趣的客户交流时，不仅深入探索了客户行业的智能家居需求潜力，还细致剖析了竞品特性和市场战略。由此，他能够针对客户的实际需求，提供量身定制的产品建议和解决方案，提升合作成功率。

同时，对社恐者而言，构建一个清晰的沟通框架至关重要。为缓解交流焦虑，他们可在心中预设对话的大纲和要点，明确各阶段的核心信息。以洽谈企业软件定制服务为例，社恐者可以先规划好交流流程，从产品概述、优势阐述，到成功案例分享，确保每一步都条理分明、内容丰富。这样，即便紧张，也能保持交流的有序进行，展现出专业风采与自信态度。

⊙ 专注客户的需求和关注点

在与客户交流时，专注倾听是构建良好关系及推动合作顺利进行的核心。它不仅能让客户感受到尊重，还能精准捕捉客户的真实意图与潜在需求，为制定个性化解决方案奠定基础。

要实现高效倾听，应给予客户充分的发言空间，避免打断，同时运用眼神交流、点头及微笑等非语言方式回应，以增强客户的信任与满意度。这些细微举止彰显尊重，营造和谐氛围，鼓励客户更深入地分享需求。

以广告策划洽谈为例，一位社恐销售人员在与客户沟通时，展现出高度的专注与耐心。他仔细聆听客户对品牌形象的愿景，深入分析每个细节，捕捉关键信息，如目标受众特征、品牌价值及市场定位等，为策划方案提供宝贵参考。最终方案因精准匹配客户需求而赢得客户认可。

倾听是与客户交流的艺术，需不断实践提升。通过优化倾听技巧，我们能在客户合作中取得更佳成果。

⊙ 巧妙引导开场

社恐者可以尝试从自己熟悉和擅长的领域展开话题，以增加自信和流畅度。如果是推销一款科技产品，从产品的技术特点和自身在这方面的专业知识入手，逐渐引导客户深入了解产品的优势。

借助工具和资料来辅助沟通也是一个有效的方法。带上产品样本、宣传册或者相关的数据报告，在需要时可以直观地展示给客户，增强说服力。想象在一场金融产品的洽谈中，社恐者通过详细的数据图表向客户展示产品的收益情况和风险评估。

总之，面对与客户交流的情况，社恐者虽然有着内心的阻碍，但只要有决心和正确的方法，依然能够在商业舞台上迈出坚定的步伐，实现自己的价值。

谈对象时的社恐应对

在爱情的领域里，与心仪对象交流相处对于社恐者来说，常常宛如攀登一座充满挑战的高峰。然而，即便面临这样的困境，社恐者也并非毫无应对之法，依然有望收获美好的爱情。

⊙ **选择舒适的约会方式**

在沟通情境中，面对面交流常给个体带来显著压力，其根源可能多样，诸如过分在意他人评价、社交场合的不适感以及冷场恐惧等。为减轻此类压力，社交焦虑者可以明智地采用更为自在的交流媒介，例如文字交流、电话交谈或视频通话。这些媒介不仅赋予他们更多的思考与准备空间，还能在相对私密且可控的情境下，促进他们更自如地表达内心想法与情感。

进一步地，预先规划约会或交流的具体内容与形式，是有效缓解社交焦虑者紧张情绪的关键策略。通过构思双方共同兴趣的话题或策划吸引人的活动方案，社交焦虑者能在互动中掌握更多主动权，有效避免话题中断或冷场带来的尴尬与紧张。例如，了解到对方对电影的喜爱后，社交焦虑者可事先准备几部相关经典影片作为讨论起点，此举既能体现其用心，又能引导对话朝着双方共同兴趣的方向发展。

特别是在交往初期，对于社交焦虑者而言，选择一处相对安静、熟悉且压力较小的会面地点极为重要。这样的环境有助于减轻他们的心理负担，增强放松感。具体而言，可以是公园内一个静谧的角落，让人在自然环境中悠然自得；或是常去的温馨咖啡馆，熟悉的场景与氛围能让社交焦虑者感到更加舒适与自在，进而促进交流的流畅进行。通过这些细致周到的安排，社交焦虑者能在恋爱关系中逐步树立自信，沉浸在与伴侣的甜蜜互动之中。

⊙ 交流要专注

在交流互动中，展现尊重与真诚的一个有效策略是放缓节奏，慷慨地给予对方表达自我的空间。尽管社交恐惧者可能在口头表达上显得不够流畅或丰富，但他们通过全神贯注地聆听对方的话语，并以专注的眼神和真挚的态度作出回应，同样能够传递出内心的温情与真诚。在一次约会中，即便社交恐惧者的话语有限，但只要他们用心倾听对方分享的每一个生活细节，并提供贴心的见解或共鸣，就能让对方感受到被珍视与重视。

此外，文字交流为社交恐惧者提供了一个更加自在与舒适的表达舞台。相较于面对面的交流，文字交流为社交恐惧者提供了充裕的思考与准备时间，使他们能够更加完整、精确地传达自己的思绪与情感。在一段感情初绽之时，社交恐惧者或许会因紧张或不安而难以自如地口头表达内心的爱意，但此时，一封饱含深情且细腻的邮件或短信，便成为他们传递爱意与关怀的桥梁。借助文字，社交恐惧者能够更细腻地描绘自己的情感世界，表达对对方的欣赏与期盼，这种独特的表达方式往往能给对方留下深刻的记忆，加深双方的情感联结。

因此，对于社交恐惧者而言，无论是面对面的交流还是文字交流，核心在于用心倾听与真诚表达。通过放缓节奏、专注聆听以及充分利用文字交流的优势，社交恐惧者同样能够在恋爱关系中建立起健康且深刻的情感联系，与伴侣共享甜蜜与幸福。

从情感心理学的视角来看，社交恐惧者在感情中的谨慎与细腻，反而能让对方感受到更为深沉的关怀与真心。尽管恋爱对社交恐惧者而言可能是一项挑战，但通过逐步建立信任、选择令自己舒适的交流方式、设定小目标、学习放松与调节情绪、寻求外部支持以及保持积极心态，社交恐惧者依然能够体验到恋爱的乐趣与幸福。

小测试

当你进入面试室时，你会：

A. 立即与面试官眼神交流，并自信地打招呼。

B. 稍微低头，尽量避免直接眼神接触，轻声打招呼。

C. 感到极度紧张，甚至忘记打招呼。

在回答面试官的问题时，你更倾向于：

A. 流畅且有条理地表达观点。

B. 思考片刻后，用简洁的语言回答。

C. 担心说错话，因此回答得含糊不清。

当你得知需要上台演讲时，你的第一反应是：

A. 感到兴奋，并立即准备演讲稿。

B. 有些紧张，但会努力调整心态，准备演讲内容。

C. 非常害怕，想要逃避或推迟演讲。

在演讲过程中，你如何克服紧张情绪？

A. 通过与观众互动、使用肢体语言等方式增强自信。

B. 专注于自己的演讲内容，尽量不看观众。

C. 感到极度紧张，难以继续演讲。

在会议中，你通常如何参与讨论？

A. 积极参与，提出有建设性的观点。

B. 在必要时才发言，确保观点准确且有条理。

C. 尽量避免发言，担心自己的观点不被接受。

当你的观点与同事不同时，你会：

A. 坦然表达，并尝试说服对方。

B. 谨慎地提出自己的观点，并尊重他人的意见。

C. 保持沉默，避免冲突。

在与客户交流时，你如何展现自己的专业性？

A. 通过流畅且自信的沟通，展示对产品的深入了解。

B. 提前准备，确保回答准确，但沟通时稍显紧张。

C. 担心说错话，难以展现自己的专业性。

当客户提出质疑时，你会：

A. 立即给出满意的答复，并尝试建立信任。

B. 冷静思考后，给出合理的解释和建议。

C. 感到不安，难以应对客户的质疑。

在与恋人相处时，你通常如何表达自己的情感？

A. 直接且真诚地表达自己的爱意和关心。

B. 通过行动和细节展现自己的情感，但言语上较为保守。

C. 担心被拒绝或嘲笑，难以表达自己的情感。

当与恋人发生争执时，你会：

A. 积极沟通，寻求解决问题的方法。

B. 尽量避免冲突，保持冷静和理智。

C. 感到焦虑和无助，难以应对争执。

测试结果：

根据你的选择，可以评估你在不同社交场合的应对能力。如果你选择了较多 A 选项，说明你在这些场合中表现较好，能够自信地应对；如果你选择了较多 B 选项，说明你在这些场合中需要一些调整，但仍有提升空间；如果你选择了较多 C 选项，说明你在这些场合中可能面临较大的挑战，需要更多的练习和支持。

说明：

这个测试只是一个简单的评估工具，如果你发现自己在某些方面存在困难，不妨寻求专业心理咨询师的帮助，以获得更具体的指导和支持。

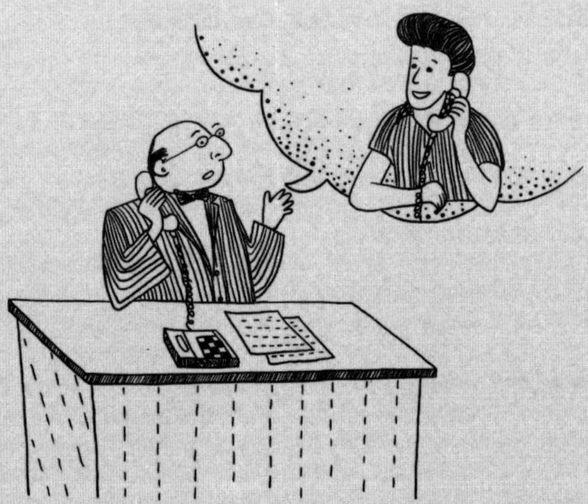

第八章

实用技巧
——逐步扩大社交舒适区

每一次在社恐中勇敢地扩大社交舒适区,都是对自我边界的突破。

小步快跑，设定可实现的社交任务

在社交的广阔舞台上，社恐者时常如同徘徊在幽暗森林中的旅人，对人际交往怀有深深的恐惧与不安。然而，"化整为零，设定可达成的社交小目标"这一策略，为社恐者指引了一条走出自我限制、渐进融入社交圈的有效路径。

面对社交这一看似庞大而复杂的挑战，社恐者若一开始就投身于繁杂的社交场合，往往会感到难以承受之重，甚至产生退缩之意。在此情境下，将宏大的社交愿景拆解为一系列细微且切实可行的社交小目标，就显得尤为重要。譬如，一位社恐者可以将自己迈向社交的第一步设定为：每天向偶遇的邻居报以微笑并简单问候。这微不足道的一小步，实则是融化社交隔阂、迈出勇敢尝试的关键步伐。

⊙ 制定适合自己的社交任务

在规划可行的社交活动时，我们需要细致评估个人的心理承受力与现有的社交技能，以确保活动既富有挑战性又不至于让人感到压力过大。以一位社交恐惧症患者为例，他在与陌生人交往时常常感到极度紧张，甚至出现言语障碍。针对此类情况，我们应当为其精心策划一个既贴合实际又便于操作的社交小目标。

具体而言，可以为这位社交恐惧症患者安排参加一个小规模且氛围温馨的兴趣小组聚会。在这个聚会上，他只需鼓足勇气，至少向小组内的一位成员简短地介绍自己的姓名及兴趣所在。这样的安排，既不会让他感到过分紧张或畏惧，又能让他在轻松的氛围中实践与人沟通的技巧，并逐步累积积极的社交体验。

通过逐一达成这些看似微小却意义重大的任务，他能在每次的成功尝试中积累信心，从而循序渐进地提升自己的社交自信，为将来参与更大规模的社交活动奠定坚实的基础。

⊙ 循序渐进小步快跑

循序渐进是这一策略的核心原则。完成一个小任务后，再逐渐提升任务的难度和复杂度。例如，从简单地与同事交流工作相关的话题，发展到参与部门的聚餐，并主动与他人闲聊几句工作以外的生活琐事。每一次小小的进步，都如同在社交之路上铺上了一块坚实的基石。

⊙ 制定清晰的目标

同时，社恐者要对自己设定的任务保持清晰的规划和记录。可以制定一个简单的进度表，注明每个任务的目标、完成时间以及自我评估。比如，一位社恐者计划在一个月内每周至少与一位新朋友交换联系方式，他会在进度表上详细记录每次的执行情况，并总结经验教训。

⊙ 激励自己，不断提升

在攻克社交难关的旅途中，学会适时地自我奖励至关重要。每当圆满达成一项富有挑战性的社交任务时，不妨奖赏自己，比如购入一本久藏心间的书籍，或是享受一顿令人垂涎的美食。这些奖励举措能够有效巩固正面的情感体验，为后续的进步注入源源动力。

从社会行为科学的视角审视，这种循序渐进的策略紧密契合了人类行为模式的塑造原理，对社交恐惧者而言，它犹如一盏明灯，照亮他们逐步克服内心恐惧、构建积极社交模式的道路。

对于社交恐惧者群体，这一方法堪称解锁社交领域的金钥匙，它不仅鼓励他们勇敢地踏出每一步，更引领他们稳步前行，直至拥抱那片宽广而璀璨的社交天地。

角色扮演与模拟社交场景

对于社恐者而言，在探索融入社会、提升社交能力的征途中，角色扮演与模拟社交场景仿佛为他们插上了翱翔于社交蓝天的双翼。

通过角色扮演，社恐者得以在一个既安全又可控的模拟环境中，亲身体验多样化的社交角色与行为模式。举个例子，他们可以设想自己是一名热情洋溢的销售人员，积极地去与"客户"沟通并推销商品。在这一过程中，他们不仅能够感受到主动与人交往的乐趣，还能逐步熟悉并掌握一系列高效的社交技巧。这种独特的实践机会，无疑为社恐者打开了一扇通往自信社交的大门。

⊙ 从易到难，逐步提升

模拟社交场景作为一种高效的训练手段，能够精准复刻现实生活中多样化的社交情境，其效用显著且广泛。具体而言，该方式不仅触及日常交流的细微之处，还深入复杂的社交互动中，为我们提供了全面的实践平台。

在日常交流的层面上，模拟场景可以轻松涵盖诸如在超市与收银员进行简单对话的情形。通过这样的模拟，我们能够细致入微地练习如何礼貌询问商品详情、清晰表达购买意愿及顺利完成支付等基本技能，这些看似简单的互动实则构成了社交生活的基石。

当进入更为复杂的社交领域，如商务谈判或面试等，模拟练习的价值便更加凸显。以面试为例，一位社交恐惧症患者可以通过模拟面试进行深度准备。这包括预设面试官可能抛出的各类问题，并精心构思得体且针对性强的回

> 通过角色扮演与模拟社交场景，可以安全地练习应对技巧，逐步适应并克服社交恐惧。在模拟中积累经验，提升自信，为真实社交做好准备，让恐惧逐渐消散。

答。在这样一个相对安全、风险可控的模拟环境中，社恐者可以反复演练，逐步熟悉并适应面试所带来的紧张氛围。

正是通过这样的模拟训练，当真正面对面试时，社恐者已积累了宝贵的经验和自信，从而能够显著减轻紧张与焦虑，以更加从容的姿态应对面试中的各种挑战。总体而言，模拟社交场景是一种极具实用价值的策略，它为我们提供了宝贵的准备与适应机会，助力我们更加自信地应对各种社交场合。

⊙ **不断提升，不断修正**

在进行角色扮演与模拟社交场景的过程中，社恐者拥有了不断精进与调整自我表现的宝贵机会。以模拟与朋友和解的场景为例，初次尝试时，他们或许显得笨拙且手足无措，但随着反复练习，他们逐渐掌握了运用得体言辞与表情的技巧，使得对话变得自然流畅，矛盾得以有效化解。

尤为重要的是，与他人携手进行角色扮演，还能让社恐者收获来自外界的宝贵反馈。比如，在小组模拟聚会的情境中，其他成员能敏锐地指出他们在交流中的细微不足，如眼神游离或声音低沉，从而为他们提供明确的改进方向。

这些持续的练习与积极的反馈，如同一股强大的力量，逐渐冲刷着社恐者对社交的负面认知与恐惧心理，为他们构建起了全新的、积极向上的心理框架。

可以说，角色扮演与模拟社交场景为社恐者铺设了一条通往自信社交的桥梁。只要他们勇于迈出步伐，坚持不懈地尝试与改进，就必定能在社交的征途中留下坚实而有力的足迹。

真实社交中的逐步暴露疗法

在社恐者努力摆脱社交恐惧、走向正常社交生活的征程中，真实社交中的逐步暴露疗法是其中最好的方式之一。

⊙ 什么是逐步暴露法?

所谓逐步暴露疗法，是让社恐者逐渐面对那些令他们感到恐惧和焦虑的社交情境，以循序渐进的方式来降低恐惧和紧张感。对于社恐者而言，一开始就置身于高强度的社交环境可能会导致过度的压力和逃避心理。因此，将社交情境按照难易程度进行划分，由易到难地逐步接触，是这一疗法的关键所在。

举例来说，一位社恐者可以先从参加人数较少、氛围较为轻松的小型聚会开始，例如朋友之间的简单聚餐。在这个相对温和的环境中，他们可能只需要与几个人进行简短而不太深入的交流。随着适应程度的提高，可以尝试参与人数稍多一些、话题更加广泛的社交活动，如同事之间的户外拓展。

⊙ 治疗阶段设定合适的目标和时间

在暴露治疗的每一步进程中，社恐者应当精心策划，为自己确立清晰、具体且兼具挑战性的目标，并设定合理的时间框架，以确保每一步既可行又富有成效。此策略的核心在于，通过循序渐进地提升社交活动的难度与广度，协助社恐者逐步适应并最终战胜内心的恐惧。

以初次涉足小型聚会为例，社恐者可以设定一个既实际又具挑战性的目标：决定在聚会中主动与至少两位参与者展开至少十分钟的对话。这样的目标设定，既避免了因过于简单而缺乏实质性的挑战，也防止了因难度过高而引发的挫败情绪。通过精心规划与严格执行这些小目标，社恐者能在每一次成功的社交互动中积累宝贵的经验，进而逐步提升自己的社交自信与应对能力。尽管这一过程需要时间与耐心，但每一步的微小进展，都是朝着彻底克服社交恐惧这一宏大目标迈出的坚实步伐。

⊙ 记录感受，激发动力

在社恐者的自我疗愈过程中，记录个人感受与成长至关重要。这不仅加深了对社交心理变化的理解，也成为衡量成长的关键。写日记是经典方法，通过文字记录社交活动前后的情绪、挑战及应对，直观反映内心世界，为日后反思提供宝贵资料。

随着科技发展，心理记录软件成为新选择。它们提供易用界面和数据分析功能，帮助系统记录并分析社交经历，包括情绪波动、难题及解决策略，呈现清晰直观。

定期回顾这些记录，社恐者能清晰看到成长轨迹，每次勇敢尝试都成为前进动力。这种自我肯定增强了社交勇气和信心。从神经科学角度看，逐步社交暴露疗法能调整大脑中与恐惧、焦虑相关的神经回路，使其适应社交环境，减少应激反应。

真实社交中的逐步暴露为社恐者提供了科学有效的自我疗愈途径。关键在于有勇气实施，保持耐心和积极心态。通过精心规划目标，如初次聚会主动与两人交流十分钟，既具挑战性又切实可行，逐步增加难度，积累宝贵经验，增强自信和应对能力。

每次小进步都是向克服社交恐惧迈出的大步。随着不断尝试与调整，社恐者能在社交道路上更加自信，最终实现从恐惧到自如交流的转变。这一过程需要时间与努力，但每一步都是向前迈进的坚实步伐，引领他们走向更加广阔的社交世界。

应对社交失败的策略与心态调整

在社恐者艰难的社交之旅中，社交失败给他们带来了极大的困扰和挫折。然而，只要掌握正确的应对策略和进行有效的心态调整，社恐者依然能够从失败的阴霾中走出来，重新拥抱社交的可能。

⊙ **客观看待一切困难与挫折**

社恐者需认识到，社交中的挫败并非个人能力的全面否定，而是普遍存在的成长契机。每个人都可能在社交场合遭遇挑战，关键在于如何看待与应对。例如，即便一位社恐者在聚会中未能流畅交流，也不应全盘否定自己的社交潜力，而应视为一次有待提升的经历。

面对社交挫败，客观分析原因尤为关键。是准备不足、话题选择不当，还是表达方式有待改进？通过深入自我反思，社恐者能精准定位问题。比如，与新同事交流时的尴尬气氛，事后分析或许会发现，是因为对对方的兴趣爱好了解不够，导致话题难以引起共鸣。这样的分析，为后续的改进提供了明确方向。

⊙ 接受自己的不完美

社恐者在心态调整上面临重大挑战，关键在于学会接纳自身的不完美。重要的是，他们应先对自己展现宽容与理解，认识到社交失误乃人之常情，不代表失败或无能。过度自责和自我怀疑只会加剧社交焦虑。

因此，社恐者需培养一种宽容接纳的态度对待失误。他们可以这样自我激励："这次不够好，是因为我还在学习和成长，下次定能改善。"这种积极心理暗示不仅助力他们快速走出失败阴影，还增强自信与动力，勇敢面对未来社交挑战。持续的正向心理暗示能逐步塑造健康积极的心态，为克服社交恐惧奠定坚实基础。

⊙ 在失败中"成长"

社恐者可以从社交失败中吸取教训，制定针对性的改进计划。例如，紧张导致的言语不流畅，可通过日常朗读练习来提升；缺乏共同话题则可通过关注热门资讯和多元知识来丰富谈资。

在社交互动频繁的社会，社恐者虽面临挑战，但只要勇于从失败中学习，调整心态与策略，就能减少失败，提升社交质量，迈向自信愉悦的社交生活。

尽管应对社交失败对社恐者是一大考验，但通过有效策略和积极心态，他们完全能克服困难，重燃社交热情。

小测试

当你在社交场合中感到紧张或不安时，你会如何调整自己的心态？

A. 深呼吸，告诉自己"我可以做到"。

B. 尽量避免与他人交流，保持沉默。

C. 立即离开社交场合，寻找一个安静的地方。

D. 其他（请说明）_____

你是否会因为一次社交失误而长时间陷入自责和自我怀疑中？

A. 从不

B. 偶尔

C. 经常

D. 总是

在参加聚会或活动时，你通常会如何与他人开启对话？

A. 主动寻找共同话题，积极参与讨论。

B. 等待他人主动与自己交流。

C. 尽量避免与他人交谈，保持独处。

D. 其他（请说明）_____

当你与他人意见不合时，你会如何处理？

A. 保持冷静，尊重对方观点，并尝试表达自己的看法。

B. 立即反驳，坚持自己的观点。

C. 感到不安，尽量避免进一步讨论。

D. 其他（请说明）_____

你是否了解自己的社交恐惧症的触发点和应对策略？

A. 非常了解，并能有效应对。

B. 有一定了解，但应对不够有效。

C. 不太了解，经常感到困惑。

D. 完全不了解。

你是否定期记录自己在社交场合中的感受和进步？

A. 是，我每天都记录。

B. 偶尔记录，但不够规律。

C. 很少记录，通常只在特别重要的场合后记录。

D. 从不记录。

完成以上测试后，你可以根据自己的得分情况，评估自己在社交场合中的应对能力和心态调整情况，并据此制定进一步的提升计划。

说明：

这个测试只是一个简单的评估工具，如果你发现自己在某些方面存在困难，不妨寻求专业心理咨询师的帮助，以获得更具体的指导和支持。

第九章

持续成长
——社恐康复之路

社恐的康复，是一场内心的长征，每一次的前进都书写着坚韧与成长。

复发预防：识别并应对触发因素

对于社恐者而言，巩固改善成果、维持社交健康的关键在于预防复发，而精准识别并有效应对触发因素至关重要。这些触发因素如同社交旅途中的"隐形障碍"，可能源自宏观的环境层面，也可能深藏于个体的内心世界，稍不留意便可能引发旧病复发。因此，社恐者需时刻保持警觉，以应对这些潜在的挑战。

⊙ 识别触发因素

大规模且陌生的社交场合常是社恐者的触发源。设想在大型招聘会，人山人海、喧嚣不已，周围频繁的目光交流与急促的对话，足以让社恐者内心迅速筑起防御，恐惧与不安随之涌来。

同样，他人的负面反馈与过度关注也是强有力的触发点。在团队项目中，若社恐者的提议遭到强烈反对，或感到自己成为众人焦点，原本平静的心绪可能瞬间被打破，陷入自我怀疑与恐惧之中。

此外，内在的心理重压与过高的自我期望也是关键触发因素。面对如公开演讲这样的重要社交任务，社恐者若给自己施加巨大压力，担心表现不佳会带来严重后果，这种内心的焦虑极易引发社恐复发。

⊙ 正确应对触发因素

识别触发因素后，社恐者需聚焦于应对策略。首要任务是培养自我觉察，敏锐捕捉不同情境下的情绪与生理反应，如心跳加速、呼吸急促，及时识别潜在触发因素并采取行动。

系统脱敏是有效策略之一，从轻度触发情境入手，如与少量陌生人简短交流，逐步增加难度，以适应并克服恐惧。

构建积极自我认知同样关键。社恐者应关注自身优点与成功经历，用正面形象抵御外界负面评价。回顾社交中的赞扬与认可，强化自信，是有效途径。

此外，建立强大的社会支持系统不可或缺。亲朋好友的理解、鼓励与陪伴，为社恐者提供情感慰藉与坚强后盾。

总之，识别并应对触发因素虽是一项长期挑战，但它是预防社恐复发、维护社交心理健康的核心。通过持续努力，社恐者能逐步增强应对能力，享受更加健康的社交生活。

灵活适应：在不同社交场合中自如表现

社恐者在追求健康社交生活的道路上，面临诸多挑战，同时也怀揣着希望。他们的一个重要目标，就是在多样化的社交场合中灵活适应、自如展现。这不仅仅是克服社交恐惧的关键，更是迈向更加丰富多彩社交生活的重要一步。

从正式的商务会议到轻松的朋友聚会，再到热闹的公众活动和私密的家庭聚会，每一种社交场合都拥有其独特的规则、氛围以及人际互动模式。对于社恐者而言，适应这些多样化的场合并非易事，但正是这些挑战，促使他们不断学习、成长，并逐步克服内心的恐惧。

⊙ 商务会议的严谨

在高度正式的商务会议场合，社交恐惧者面临着多重挑战：严谨的礼仪规范、专业的交流需求，以及对讨论话题的深刻理解和精确表达要求，共同构成了巨大的心理压力。

在这样的场合，参与者被期待能条理清晰地阐述观点，并与上级、同事实现高效流畅的沟通协作。这对社交恐惧症患者而言，是一项尤为艰巨的任务。

为了应对这些挑战，他们不仅需要具备坚实的专业知识和业务能力，还需在心理上做出大量调适和准备。这意味着，他们必须克服内心的恐惧和焦虑，调整心态，以更加自信和从容的态度参与会议讨论。

通过这样的努力，他们才能在商务会议中展现出最佳状态，有效传达信息，促进与他人的良好互动，进而确保会议的顺利进行和工作的有效推进。

⊙ 朋友聚会的轻松

在朋友聚会这类轻松随性的社交场合中，尽管氛围自由惬意，但参与者仍需积极融入集体,保持活跃交流,因为这样的聚会不仅是享受吃喝玩乐,更是加深友谊、增进相互了解的关键时刻。为了更好地适应这一环境,参与者应当擅长分享个人有趣的经历,通过引人入胜的故事和细节来吸引大家的关注,同时加深彼此的了解和信任。

此外,倾听朋友的烦恼在聚会中同样至关重要。这不仅能让对方感受到你的关心和支持,还能通过倾听加深双方的情感纽带和默契。当然,聚会中难免会遇到玩笑和调侃,如何机智地处理这些突如其来的"小插曲",既是对个人应变能力的考验,也关乎整个聚会的氛围。因此,在朋友聚会中,掌握分享、倾听和机智回应的技巧,是提升社交能力的重要一环。

⊙ 公众活动的适应力

公众活动场合,以其人数众多和环境复杂的特点,常常给社交恐惧者带来不小的挑战。在这样的环境中,社恐者容易因感受到众多目光的注视和嘈杂声音的包围而感到不安与紧张。

以大型慈善义卖活动为例,参与者需主动与陌生人交流,推销手中的物品。这不仅是商品价值的展现,更是对社交能力和沟通技巧的实战检验。对于社恐者而言,这样的场景既需要他们鼓起勇气,又要求他们具备在喧闹环境中有效传达信息、吸引潜在买家的能力。

因此,公众活动场合对社恐者而言,既是充满挑战的环境,也是促进个人成长和锻炼社交能力的宝贵机会。

⊙ 家庭聚会的温馨

家庭聚会,这个通常被视为充满温馨与熟悉感的场合,实则也可能伴随着由亲情关系衍生的期望与压力。在这样的环境里,家族情感和期望如同无形的重担,落在每个家庭成员的肩上。

特别是在家族庆典,如节日聚会或纪念日活动等重要时刻,长辈的关切询问与亲戚们的热切目光,常常令社交恐惧者倍感紧张与不安。他们内心可能忧虑,自己的言行举止是否符合家族的期望,能否赢得亲戚们的认可与赞赏。这种心理负担,往往使他们在家庭聚会中难以放松,难以真正享受与家人欢聚的美好时光。

因此,对于社恐者而言,家庭聚会同样构成了需要勇敢面对并努力克服的挑战。然而,在多元化且社交频繁的当今社会,尽管社恐者面临诸多挑战，但只要秉持坚定的信念，付出持续的努力，他们完全有能力实现在不同社交场合中自如表现的目标。

自我关怀：保持身心健康，平衡生活

在社恐康复者的生活旅程中，自我关怀扮演着至关重要的角色，它不仅助力他们持续前进，还巩固了康复的成果。这一关怀的核心，聚焦于保持身心健康与实现生活的平衡，为他们的康复之路提供了坚实的支撑。

⊙ 每天，让自己开心一点

社恐康复者在构建稳固生活的过程中，身心健康是不可或缺的基石。在身体健康层面，规律的运动与合理的饮食是两大关键要素。通过每天进行适量的有氧运动，如慢跑或瑜伽，不仅能增强体魄，还能促进多巴胺等神经递质的释放，进而改善情绪状态。同时，均衡的饮食结构，富含各类必需的营养素，如维生素、矿物质和膳食纤维，为身体提供充足能量，确保身体机能与免疫系统的正常运转。

在心理健康方面，社恐康复者需特别关注情绪调节。面对内心可能出现的负面情绪，采取如深呼吸、冥想或聆听舒缓音乐等方法来放松身心，是极为有效的策略。此外，积极的心理暗示也是重塑自信与安全感的强大工具，通过每日自我肯定，如"我能有效应对各种社交场合"或"我值得被爱与尊重"，逐步增强内心的力量与稳定性。

⊙ 平衡生活，幸福生活

对于社恐康复者，实现生活的平衡是一项既具挑战性又至关重要的任务。这其中包括了多个维度的平衡考量。

首先，工作与休息的平衡至关重要。社恐康复者在工作中可能会因过度投入或担心表现而忽视休息，但长期的工作压力累积会导致身心疲惫，威胁到康复的稳定性。例如，有康复者为了证明职场能力而连续加班，缺乏休息，最终导致情绪低落。因此，合理安排工作与休息时间，避免过度劳累，是维护身心健康的关键。

其次,社交生活与个人独处的平衡同样重要。适度参与社交活动有助于巩固社交技能,但也需要确保有足够的独处时间来自我充电和恢复精力。例如,在周末参加朋友聚会后,安排一天独自进行阅读、绘画或泡澡等放松活动,以保持内心的平静与活力。

最后,兴趣爱好的培养也是实现生活平衡的重要一环。投身于热爱的活动,如摄影、书法或烹饪,不仅能让社恐康复者享受乐趣,还能暂时忘却外界压力,提升生活品质。例如,通过摄影捕捉生活中的美好瞬间,可以增进对生活的热爱和欣赏。

从心理学和医学的角度来看,保持身心健康和生活的平衡有助于稳定神经内分泌系统,增强心理韧性,降低心理疾病复发的风险。因此,社恐康复者需要时刻关注自己的身心需求,以智慧和坚韧来维护生活的平衡与和谐,从而确保康复成果的稳固与持续发展。

正确应对:复发时的应对与调整

社恐者在康复之路上行进时,并非总能一帆风顺,而是时常面临复发的潜在风险。然而,关键在于他们如何正确应对复发,并迅速做出调整,以巩固康复成果,继续稳步前进。

社恐的复发并非无因而至,它往往受到多种复杂因素的交织影响。生活中遭遇的重大压力事件,诸如失业、亲人离世或人际关系的重大冲突,都可能成为点燃社恐复发的火花。据学者们的深入研究,长期处于高压环境之下,人体的应激激素水平会不断攀升,这种生理变化进而可能干扰大脑中的神经通路,导致原本已得到缓解的社交恐惧症状再次加剧。

因此,对于社恐者来说,识别并应对这些潜在的触发因素,及时采取调整措施,是确保康复之路稳定前行的关键所在。

◉ **社恐复发时,端正认识**

面对社恐复发,首要且至关重要的一步是维持冷静与清晰的认知。社恐者需深刻意识到，这仅仅是一个暂时的挑战，而非永恒的绝境或无法治愈的顽疾。这一认知构成了战胜恐惧的心理基石，为我们提供了前行的力量。

回顾历史，众多曾深受社交恐惧症折磨的先驱，在历经无数次复发后，凭借不屈的信念与恰当的应对策略，最终赢得了全面的康复。这些前辈的历程为我们树立了榜样，证明了社恐并非不可战胜。以古代文人墨客为例，他们在仕途坎坷、遭遇非议与排挤时，也可能陷入深深的自我怀疑与社交恐惧。但正是凭借对自我价值的深刻认识与内心的坚韧力量，他们最终能够重拾信心，重新融入社会，并在文学创作上留下辉煌的篇章。这些故事启示我们，无论面对多大的困境，只要我们坚守信念，就能够克服社恐，重获自信与光彩。

因此，当社恐复发之际，我们不仅要保持冷静，更要从历史中汲取勇气与力量，坚定信念，勇往直前，直至战胜挑战，迎来康复的曙光。

⊙ 社恐复发时，调整心态

在应对社交恐惧症复发的征途上，调整心态扮演着举足轻重的角色。社恐者务必警惕，避免让自己陷入自我否定与绝望的泥沼，因为这样的消极情绪只会加剧困境。相反，我们应当积极培养自我暗示与正面思维的习惯，以乐观的心态迎接每一次挑战。

为了有效实现这一转变，社恐者可以实践一种心理训练：构想自己在社交场合中自信满满、游刃有余的场景。这种想象不仅能够为我们构建积极的心理预设，还能激发内心的潜能与力量，使我们在真实的社交环境中更加从容自信。例如，设想自己在一次聚会中，不仅能够自如地与人交谈，还能主动引领话题，这样的正面构想能够点燃我们的内在动力，促使我们在实际行动中展现出更加自信的风采。

此外，寻求社会支持也是应对社恐复发不可或缺的一环。朋友与家人的理解、关怀与鼓励，如同温暖的港湾，为我们提供情感上的慰藉与实质性的援助。他们是我们倾诉心声、分担恐惧的良师益友，同时也是我们获取实用建议与方法的宝贵资源。在与他们的互动中，我们不仅能收获情感上的支持，还能学到更多应对社交恐惧症的智慧与技巧。

综上所述，社恐者在康复过程中遭遇复发并不可怕，关键在于我们能否以正确的态度与方法去应对和调整。只要我们能够积极面对，勇于挑战，就有望重新找回正常的社交生活，享受与人交往的乐趣。

小测试

1. 你是否清楚自己社交恐惧的触发因素?
2. 你是否了解自己的社交恐惧症状,如心跳加速、出汗、紧张等?
3. 当你感到社交恐惧时,你是否能够迅速调整心态,保持冷静?
4. 你是否经常进行积极的自我暗示,如"我可以做到""我能够应对"?
5. 过去一段时间内,你是否主动参与了社交活动,如聚会、会议等?
6. 在这些社交活动中,你是否能够与人进行基本的交流,没有表现出明显的恐惧或逃避行为?
7. 你是否有朋友或家人知道你正在应对社交恐惧,并给予了支持和理解?
8. 你是否愿意向他们分享自己的进展和挑战,寻求他们的建议和帮助?
9. 你是否注意到自己在社交方面的进步,如更加自信、能够主动发起话题等?
10. 你是否感到自己对社交恐惧的掌控力在逐渐增强?

如果你在大部分问题上都给出了肯定的回答,那么恭喜你,你在社交恐惧症的康复过程中取得了显著的进展。

如果你在某些问题上给出了否定的回答,也不要灰心。这并不意味着你没有进步,而是提示你在这些方面还有提升的空间。

说明:

这个测试只是一个简单的评估工具,如果你发现自己在某些方面存在困难,不妨寻求专业心理咨询师的帮助,以获得更具体的指导和支持。

第十章

超越自我
——社恐不是终点，而是成长的起点

社恐是成长的起点，通过努力和挑战，你将超越自我，实现更大的人生价值。

设定长期目标，保持成长动力

在探讨社恐康复者如何维持成长动力并有效设定长期目标这一核心议题时，我们需深刻剖析其背后的多重关键因素。

对于社恐康复者而言，确立清晰的长期目标是其保持持续进步、预防病情复发的核心策略。这些目标如同明灯，为他们照亮了前行的道路，提供了明确的方向与指引。从更广阔的视角审视，随着社会的日新月异和人际交往需求的日益复杂化，社恐康复者若缺乏长远的规划与目标，在面对新兴社交挑战时，极易陷入迷茫与无助的境地，进而可能引发病情的反复与加剧。

因此，对于社恐康复者来说，设定长期目标不仅是个人成长与进步的基石，更是适应社会发展、有效应对社交挑战的重要保障。

那么，如何设定有效的长期目标呢？

⊙ **设定适合自己的长远目标**

什么样的长远目标才适合自己呢？这需要综合考虑个人的兴趣、优势以及社会的需求。

例如，如果一位社恐康复者对艺术创作有着浓厚的兴趣并且具备一定的天赋，那么将成为一名优秀的艺术家或许可以设定为长期目标。这不仅能够激发他们内心深处的热情和动力，还能够让他们在追求目标的过程中逐渐建立自信，不断拓展社交圈子。

⊙ **成长的动力是核心**

实现长期目标的关键不仅在于目标的设定，更在于持续不断地成长动力。维持这份动力，对于社恐康复者而言，是一项需要坚韧意志与自我激励能力的艰巨任务。

回顾历史，众多杰出人物在逆境中凭借对目标的坚定信念与不懈追求，最终成就了非凡的事业。爱迪生发明电灯的过程便是明证，他在无数次失败后，依然保持着对科学的热情与探索的动力，最终点亮了人类的新纪元。

对于社恐康复者来说，维持成长动力的有效策略之一是设定一系列小的阶段性目标。每达成一个小目标，都能带来成就感的累积与自信心的增强，进而激励他们向长期目标迈进。同时，积极参与社交活动，勇于接受新挑战与机遇，也是激发持续成长动力的源泉。

此外，一个强有力的支持系统对于保持成长动力至关重要。家人、朋友的鼓励与支持，以及专业心理咨询师的引导与帮助，如同温暖的灯塔，在社恐康复者感到疲惫与迷茫时，给予他们力量与方向，助他们重新振作，坚定前行。

因此，社恐康复者要实现自我价值，融入社会，就必须科学合理地设定长期目标，并持之以恒地保持成长动力。只有这样，他们才能在康复的道路上稳步前行，迎接更加光明的未来。

⊙ 应对未来挑战的准备与策略

在当今复杂多变的社会环境中，社恐康复者面临着诸多未来的挑战，只有做好充分的准备并制定有效的策略，才能更适应未来。

⊙ 认识挑战，客观看待

在社恐康复者的康复之旅启程之初，首要任务是深刻理解并接纳未来挑战的多维度与不可预测性。当今世界正以前所未有的速度发展，社会的变迁与人际交往模式的革新构成了常态。

对于曾受社恐困扰的群体而言，这种快速变化的环境构成了额外的挑战。尤其是网络社交的兴起，虽为人们的生活带来了便捷，却也伴随着新的问题浮现。信息洪流让人目不暇接，难以有效筛选与应对；同时，虚拟与现实社交界限的日益模糊，使得康复者在面对这些新兴社交场景时，更易感到迷茫与不安。

鉴于此，社恐康复者需时刻保持警觉，不断锤炼自身的适应力与心理素质。唯有如此，方能更加从容地迎接并克服未来可能遭遇的各种挑战，确保自己在康复之路上稳健前行。

⊙ 保持心态，积极应对

在应对社交挑战的过程中，社恐康复者需不断提升自身的心理素质与适应能力，这不仅对个人的心理成长至关重要，也是跨文化交流能力的体现。

从文化视角审视，不同文化背景下的社交规则与价值体系呈现出显著的多样性。因此，当社恐康复者涉足跨文化交流的场合时，展现开放心态与包容精神显得尤为重要。这意味着他们需要主动拥抱并适应这些文化差异，而非局限于自身的观念与习惯之中。

以国际商务交流为例，社恐康复者若能遵循他国的礼仪规范，尊重并接纳不同的文化习俗，将极大促进沟通的顺畅与合作的深入。这一过程中，不仅有助于增进相互理解，还能加深彼此间的友谊，为跨文化交流搭建坚实的桥梁。

综上所述，社恐康复者在提升心理素质与适应能力的同时，也应注重培养跨文化交流的能力，以更加开放和包容的姿态，迎接多样化的社交挑战。

⊙ 学习充电，应对变革

社恐康复者在追求个人成长的过程中，应当注重知识与技能的持续积累与自我提升。鉴于社会对综合能力的日益重视，掌握诸如沟通技巧、团队协作及问题解决等多领域技能，已成为应对未来复杂挑战的核心竞争力。研究表明，拥有多元化技能的人才在面对职场变迁与社会转型时，能够展现出更强的适应力与韧性。

同时，康复者需培养制定灵活应变计划的能力。面对未来诸多不可预见的变数，拥有多样化的应对策略，并根据实际情况灵活调整与选择，是增强应对挑战信心与实力的关键。

总之，社恐康复者要想在未来的各种挑战中游刃有余，就必须不断提升个人素质，积极构建支持网络，同时制定并执行灵活的应对策略，以确保自己时刻处于最佳准备状态。

培养弹性心态，拥抱变化

所谓弹性心态，简单来说，就是能够在面对挫折、压力和变化时迅速调整并适应的心理能力。对于社恐康复者来说，不断成长优秀的关键就是要有一颗弹性心态。

⊙ 了解自己，重视成长

培养弹性心态对于社恐康复者而言至关重要，这首先需要他们学会积极的自我认知。积极自我认知的核心在于清晰地了解自己的优点和不足，并能够以客观的态度去面对他人的评价。

在实际生活中，社恐康复者难免会在社交场合中出现失误或受到批评。这时，他们不应沉溺于自责之中，而是要勇于面对自己的不足，思考如何从中吸取经验教训，不断改进自己的行为。

有研究表明，那些能够以积极心态看待自身不足的人，在面对各种压力和挑战时，更能保持冷静和理智，从而更快地恢复状态，实现个人成长。因此，学会积极的自我认知，对于社恐康复者培养弹性心态至关重要。

⊙ 把挫折当动力

对于社恐康复者，培养应对挫折的能力同样具有举足轻重的地位。社恐康复者在尝试融入社会的过程中，难免会遇到社交碰壁、被拒绝等种种挫折。面对这些困境，他们需要有足够的勇气和智慧，将其视为成长和进步的契机。

历史上，许多伟人都曾在无数次失败后依然坚持不懈，最终取得了举世瞩目的成就。例如，发明大王爱迪生，在寻找合适的灯丝材料的过程中，经历了上千次的实验失败，但他从未气馁，而是从每次失败中总结经验，不断修正方向，最终为人类带来了光明。

社恐康复者也应该像这些伟人一样，学会从挫折中汲取力量，锻炼自己的心理韧性。每一次的失败都是一次宝贵的学习机会，只有勇敢面对，才能不断提升自己的社交能力和心理素质，最终走向成功。

⊙ **具备心理调适能力**

保持良好的心理调适能力，对于培养弹性心态而言，是一个不可或缺的重要环节。在日常生活中，社恐康复者可以通过多种方式来放松身心，缓解压力，从而提升自身的心理调适能力。

运动是一种非常有效的放松方式。无论是慢跑、游泳还是瑜伽，这些活动都能够让身体得到锻炼，同时也有助于释放内心的压力和焦虑。特别是瑜伽，它不仅能够增强身体的柔韧性，还能够通过冥想和呼吸练习，帮助人们在心灵上达到一种平衡的状态。

当社恐康复者感到焦虑或紧张时，及时采取有效的放松技巧也至关重要。例如，通过冥想或深呼吸，让自己的情绪逐渐恢复稳定。每天进行半小时的瑜伽练习，不仅能够让身体得到放松，还能够在心灵上带来一种宁静和平衡，从而进一步增强社恐康复者的心理调适能力。

总之，社恐康复者培养弹性心态是一个长期而持续的过程。只有通过不断的学习、实践和自我调整，才能真正拥有强大的内心，在复杂多变的社会中顺利前行。

传递正能量，帮助他人走出社恐阴影

在我们的社会中，传递正能量以帮助社恐者走出阴影，是一项充满温暖与希望的使命。

社恐者常常被困在自己内心的黑暗角落，感到孤独、无助和恐惧。他们可能因为害怕与人交流而错过许多美好的机会，生活变得狭窄而压抑。传递正能量，就如同为他们点亮一盏明灯，指引着走出阴影的方向。

⊙ 从小事做起

正能量的传递可以有多种形式。从情感上的支持来说，一个温暖的微笑、一句鼓励的话语，都能成为社恐者心灵的慰藉。比如，当一位社恐者在社交场合中表现出紧张和不安时，旁人一个理解的眼神和一句"别紧张，慢慢来，我相信你可以的"，或许就能让他们感受到被接纳，从而逐渐放松下来。

⊙ 从教育抓起

从教育角度看，学校和家庭在孩子成长过程中，应当注重培养健康的心理和积极的人际关系观念。通过教育，让孩子们从小就明白每个人都有自己的特点和不足，要学会尊重和帮助他人。同时，也教导孩子们如何正确地处理自己的情绪和面对社交压力。

⊙ 创造环境

从行动上的帮助来讲，组织各类社交活动，为社恐者创造一个相对安全和友好的社交环境，是非常有益的。在这些活动中，有经验的人士可以分享自己克服社交恐惧的经历和方法，给予社恐者实际的指导和启发。就像有的社区会定期举办心理辅导讲座和小组交流活动，让社恐者在这个过程中逐渐打开心扉，勇敢地迈出与人交流的第一步。

⊙ 营造氛围

在文化层面，社会应该营造一种包容和理解的氛围。影视作品、文学作品等可以更多地展现社恐者的内心世界和成长故事，让大众更加深入地了解他们的困境，减少误解和歧视。例如，一部以社恐者为主角，讲述其如何在他人的帮助下战胜恐惧、融入社会的电影，可能会引发广泛的社会关注和思考，促使更多的人主动去关心身边的社恐者。

传递正能量不仅仅是个人的善举，更是整个社会的责任。当我们共同努力，用爱和关心来传递正能量时，就能为社恐者构建一个充满希望和支持的环境，帮助他们一步步走出阴影，拥抱更加光明和美好的生活。

小测试

1. 你是否明确知道自己社交恐惧的具体表现?

A. 非常明确,我对此有深入的认识。

B. 有一定了解,但还需进一步探索。

C. 不太清楚,只是隐约知道自己害怕社交。

2. 你是否接纳自己的社交恐惧,并视之为需要克服的挑战?

A. 完全接纳,我认为这是成长的一部分。

B. 正在努力接纳,但仍有抵触情绪。

C. 难以接纳,觉得这是无法改变的缺陷。

3. 在面对社交场合时,你是否会提前准备,如思考话题、模拟对话等?

A. 总是,我会做好充分的准备。

B. 有时会,但准备不够充分。

C. 很少准备,通常直接面对。

4. 你是否尝试过使用放松技巧来缓解社交焦虑,如深呼吸、冥想等?

A. 经常使用,这些技巧对我很有帮助。

B. 偶尔尝试,但效果因人而异。

C. 从未尝试,不知道效果如何。

5. 你是否愿意主动寻求帮助,如与朋友交流、咨询专业人士等?

A. 非常愿意,我认为这有助于我的康复。

B. 偶尔会,但不太频繁。

C. 不愿意,我觉得这是自己的问题。

6. 你是否尝试过逐步扩大自己的社交圈子,如参加新的社交活动?

A. 是的,我正在努力拓展社交圈子。

B. 尝试过,但效果不太明显。

C. 没有尝试,我觉得这很困难。

7. 在社交过程中,你是否能够保持自信,积极表达自己的想法?

A. 大部分时候可以,我正在逐渐找回自信。

B. 有时能够,但更多时候会紧张。

C. 很难,我觉得自己总是无法融入。

8. 你是否对自己的社交进步感到满意,并愿意继续努力?

A. 非常满意,我觉得自己正在不断进步。

B. 还算满意,但仍有提升空间。

C. 不太满意,我觉得自己进展缓慢。

9. 你是否能够有效管理自己的情绪,避免在社交场合中失控?

A. 是的,我能够很好地控制自己的情绪。

B. 有时能够,但更多时候会感到焦虑。

C. 很难控制,我觉得自己总是容易紧张。

10. 你是否能够通过积极的心态和行动来克服社交恐惧?

A. 是的,我正在积极面对并克服它。

B. 有时会,但更多时候会感到无助。

C. 很难,我觉得自己无法摆脱这种恐惧。

请根据自己的实际情况选择答案,这些题目旨在帮助你更好地了解自己的社交恐惧康复状况,并为未来的努力方向提供参考。

说明:

这个测试只是一个简单的评估工具,如果你发现自己在某些方面存在困难,不妨寻求专业心理咨询师的帮助,以获得更具体的指导和支持。